Kritische Beiträge

zur

Lehre von der Strafrechtsschuld

von

Dr. W. Mittermaier
Professor der Rechte in Giessen

Verlag von Alfred Töpelmann
(vorm. J. Ricker) Giessen 1909

(Als Programm der Ludwigsuniversität Giessen, 1909 ausgegeben.)*

* Die folgenden Ausführungen bilden den ersten Teil von kritischen Erörterungen, die ich in den nächsten Jahren fortzusetzen beabsichtige. W. M.

I.

Kriminalpolitische und juristisch-dogmatische Fragen beschäftigen den Kriminalisten. Die ersten scheinen die wichtigeren in unserer Zeit; man möchte fast sagen, sie haben manchmal das streng juristische Arbeiten allzusehr in den Hintergrund treten lassen. Aber jeder einsichtige Schriftsteller muß erkennen, daß alle Kriminalpolitik nur bei größter dogmatischer Klarheit gedeihen kann; so ist es kein Zufall, daß gerade dogmatische Erörterungen von den Strafrechtlern in den letzten Jahren wieder stärker bevorzugt werden. Ich bin überzeugt, daß wir aus ihnen für die Kriminalpolitik schon viel gelernt haben. Es ist diese enge Verbindung der zwei Betrachtungsweisen wohl allen Mitarbeitern an der „Vergleichenden Darstellung des deutschen und ausländischen Strafrechts", die wir in den letzten Jahren veranstalteten, klar geworden; besonders auf dem Gebiete des allgemeinen Teils ist kaum eine Arbeit rein rechtsvergleichend; einige sind sogar überwiegend dogmatisch gehalten.

Für die kriminalpolitische Betrachtung steht im Mittelpunkt die Frage, ob die Vergeltung berechtigt sei. Wenn auch gerade in den letzten Jahren diese Frage durch mehrfache Erörterungen der Vergeltungsanhänger besonders entschieden betont wurde, so kann doch nicht verkannt werden, daß man sich mehr und mehr der korrespondierenden Frage nach der Schuld zugewendet hat: Vergeltung baut sich auf dem Schuldgedanken auf; man fragt jetzt mehr nach dem Wesen der Schuld, nach der Berechtigung, gerade sie zur Grundlage des Strafrechts zu machen; Anhänger der Reform glauben, das alte Wort für einen neuen Begriff verwenden zu können. Es möchte wohl besonders den Anhängern Merkelscher Ideen zu verdanken sein, daß man sich wieder einmal der Aufgabe unterzieht, den Schuldbegriff zu klären; denn indem diese Richtung zwar am alten Schuldgedanken festhalten will, aber auch die Berechtigung moderner Forderungen auf entschiedenere Berücksichtigung der allgemeinen Persönlichkeit des Täters anerkennt, — ist sie besonders genötigt, den Schuldbegriff genauestens zu untersuchen. Auch dadurch, daß Merkel und seine Anhänger den Determinismus vertreten, dem man vorwirft, mit ihm sei der Schuldgedanke unvereinbar, werden sie förmlich angereizt, der alten Frage der Schuld immer wieder nachzuforschen. Es gibt auch ohne Zweifel kein lockenderes Problem als dieses, keines, das uns so sehr veranlaßte, in die Tiefen der menschlichen Seele zu dringen, das so vielseitig, so schwer festzuhalten wäre; daher auch keines, bei dem es so leicht wäre, dem anderen Fehler vorzuwerfen und nachzuweisen, — und selbst wieder zu glauben, daß man das richtige getroffen habe, während man doch nur etwas gefunden hat, das schon irgend ein Kritiker vor Jahren als verkehrt bezeichnete. Wer aber meinte, um so mehr sei Anlaß, das Problem ruhen zu lassen, der irrt; denn er verkennt, daß in so schwierigen Fragen Hunderte mitarbeiten müssen, um die Erkenntnis auch nur um eines Haares Breite zu fördern, daß aber gerade die neueren Forschungen der Psychologie uns zur Prüfung der überlieferten Begriffe auffordern. — Und wer weiß, wie strittig der Schuldbegriff seit Jahren, fast seit Jahrhunderten ist, der begreift die Stellung nicht, die v. Birkmeyer einnimmt, wenn er der modernen Richtung gegenüber einen scheinbar völlig eindeutigen, längst klar festgestellten Schuldbegriff verteidigt [1]).

Wir müssen uns fragen: Wie weit ist die Schuldlehre gediehen? Können wir eine Uebereinstimmung für sie feststellen? Ist man darüber klar, welche Seite der Frage die wichtigste ist? Eine Reihe von Arbeiten der letzten Jahre fordern zu dieser kritischen Betrachtung heraus [2]). Sie kann auf kleinem Raum nur eine beschränkte

---

[1]) Karl von Birkmeyer: Studien zu dem Hauptgrundsatz der modernen Richtung im Strafrecht. Leipzig 1909, bes. S. 86 f.

[2]) S. die Literatur bei v. Liszt, Lehrbuch § 36; Binding, Grundriss, vor § 46; v. Bar, Gesetz und Schuld II, vor § 143. Dazu neuestens: Ötker, GS. 72, 161; Finger, ebenda 72, 249; Fr. Sturm, ebenda 74, 160; v. Hippel in Vergleichende Darstellung des deutschen und ausländischen Strafrechts, allgem. Teil, Band III, 373; O. Tesař, Die symptomatische Bedeutung des verbrecherischen Verhaltens, 1907; Kollmann, ZStr. R.Wiss. 28, 449.

sein. Sie will nichts wesentlich Neues liefern: ich glaube von der Prätention frei zu sein, daß gerade ich hier den einzig richtigen Weg gehe und weise. Ob wir nicht daran denken sollten, daß man sich das Phänomen der Schuld von verschiedenen Seiten aus gleich gut verständlich machen kann, vorausgesetzt nur, daß wir es einheitlich anschauen?

II.

Wenn es überhaupt möglich ist, über die Schuld zu einer objektiven und einheitlichen Anschauung zu kommen — da sie doch wohl etwas rein innerliches ist —, dann kann dies nur für die Schuld gelten, die Gesetz und Praxis anerkennen. Diese beiden Faktoren sind gewiß abhängig von der wissenschaftlichen Auffassung, aber nicht mit ihr identisch, viel weniger fein und viel mehr gefühlsmäßig ausgebildet. Eine Dogmengeschichte der Schuldlehre, wie sie sich bei Tesař und v. Bar findet, ist höchst interessant; aber aus ihr erfahren wir nur das allergeringste über das, was unser Gesetz und unsere Praxis unter Schuld verstehen. Ich kenne noch keine Arbeit, die uns dieses klarlegte: sie möchte freilich für das Gesetz nur sehr schwer, wenn überhaupt erfolgreich sein, aber für die Praxis ist sie überaus lohnend und kaum begonnen [1]). Insofern kann eine geschichtliche Untersuchung uns freilich fördern, als sie uns klarlegt, was man sich praktisch unter Schuld vorstellte und inwiefern sich diese Vorstellungen verändert haben. Denn niemand wird leugnen wollen, daß unser heutiger Schuldbegriff ein allmählich gewordener ist [2]).

Es ist danach wohl zu verstehen, daß die verschiedenen Arbeiter ganz verschiedenes mit dem einen Wort „Schuld" meinen: Tesař eine Anormalität des Gefühlslebens oder der Vorstellungsassozia-

[1]) Einen Anfang hat Friedrich gemacht, wenn er die subjektiven Tatbestände in den Urteilen des Schwurgerichtshofes untersuchte. Meine und Liepmanns Schwurgerichte und Schöffengerichte, I, 375.

[2]) Insofern muss Graf Dohna gewiss den Wert historischer Darlegungen zugeben; s. GS. 65, 313. Ganz einseitig und daher verkehrt Fr. Sturm, Verschuldung 1902, 7. Er stellt sich „lediglich auf den Standpunkt freier philosophischer Forschung."

tion, Radbruch einen „Gemütszustand, der eine Handlung als für den Handelnden charakteristisch erscheinen läßt", Frank die „Vorwerfbarkeit", die dreierlei voraussetzt, Zurechnungsfähigkeit, Vorsatz oder Fahrlässigkeit, normale Beschaffenheit der Umstände [1]); — man kann sich diese Beispiele vervielfachen. Daß aber eine solche Methode ungemein gefährlich ist, wird wohl jedermann zugeben.

Daher muß es wichtig sein, vor jeder weiteren Untersuchung den Sprachgebrauch festzustellen und zu erklären, was man selbst sich unter Schuld vorstellt. —

Der Sprachgebrauch gibt uns Auskunft über die Auffassung des Volkes, die im Zweifel auch die des Gesetzes und der Praxis ist; man darf ihn daher nicht einfach vernachlässigen und irgend welche beliebige Konstruktion durch das Wort Schuld decken; dann fehlt uns ja jede Möglichkeit klarer Verständigung [2]). — Nun ist sprachlich das eine völlig klar, daß das Wort Schuld stets eine Einzelverpflichtung, nie eine allgemeine Eigenschaft bedeutet. Nach Grimms Wörterbuch [3]) hängt es mit „sollen" zusammen, bedeutet ursprünglich eine Verpflichtung, etwas, wozu man verbunden ist; so gebraucht es heute noch das bürgerliche Recht; es hat also objektiven Charakter. Gewöhnlich wird es jetzt daneben in der Bedeutung eines „begangenen Unrechts gebraucht, das wieder gut gemacht, gesühnt werden soll", d. h. als crimen, also auch objektivistisch. Aber (II, Nr. 8) „viel gewöhnlicher bezeichnet indes Schuld ein Vergehen oder Verschulden in Hinsicht auf die Folgen als Ursache derselben und spricht dem Fehlenden die Urheberschaft und die Verantwortung dafür zu". Also ist der subjektivistische Gebrauch der häufigere. Schuld wird zwar auch oft entgegen seiner ursprünglichen Bedeutung einfach als Ursache verwendet, besonders im Mittelhochdeutschen, aber genau genommen wohnt doch dem Worte der Gedanke der Verfehlung inne. Schuld ist immer etwas, wofür man einstehen muß; eine ganz klare Beschränkung

---

[1]) Tesař, Die symptomatische Bedeutung des verbrecherischen Verhaltens, 1907, 199, 217. Radbruch, ZSt.RWiss. 24, 348. Frank, Über den Aufbau des Schuldbegriffs, Festschrift für die juristische Fakultät in Giessen, 1907, 530.

[2]) Ein Beispiel, dass der Sprachgebrauch einfach ignoriert wird, bietet Finger, Lehrbuch 1, 227f., und GS. 72, 250f.

[3]) Band IX, 1899 von M. Heyne u. a. S. 1870ff.

auf das normative ist allerdings nicht zu finden, obwohl sie offenbar das regelmäßige ist. —

Eine eigene Anschauung gewinnen wir, indem wir Gesetz, Praxis und Theorie prüfen und unsere Auffassung kritisch an der der anderen messen. Immer wieder stoßen wir auf Analogien in früheren Darstellungen, — ein Beweis, daß gemeinsame Anschauungen hier möglich und durchaus natürlich sind; aber immer wieder weichen wir da und dort von anderen Ansichten ab, — ein Beweis, wie schwierig es ist (wenn überhaupt möglich), hier zu voller Klarheit zu gelangen, und eine Mahnung, daß wir auf diesem Gebiete zu einer möglichst einfach ausgebildeten Auffassung gelangen müssen: das praktische Leben begnügt sich bekanntermaßen längst mit nicht allzu feinen Gebilden.

Ich sehe in der Schuld die vermeidbare Rechtspflichtwidrigkeit der Einzeltat. Sie ist nicht etwas rein psychologisches, auch nicht nur die Bewertung eines Seelenzustandes, sondern sie ist die sozialethisch als unrecht bewertete psychische Beziehung zu einem mit dem Schuldigen irgendwie in adäquatem Kausalverhältnis stehenden Geschehnis. Die psychische Beziehung verlangt Billigung der Tat durch den Täter bei einem Willensakt. Die Bewertung setzt voraus, daß der Täter eine bestimmte Geistesreife besaß, d. h. zurechnungsfähig war, und daß er in irgend einer Art das Unrecht vermeiden konnte; sie zielt auf eine Vergeltung. — Wir trennen die Schuld mit Recht in zwei Arten, Vorsatz und Fahrlässigkeit, die sich wesentlich psychologisch unterscheiden, indem der Vorsatz eine Billigung des Erfolges verlangt, während bei der Fahrlässigkeit die Billigung des verursachten Erfolges fehlt. Wenn auch regelmäßig ein geringerer Grad der Pflichtwidrigkeit in der Fahrlässigkeit zu finden ist, so ist das doch keineswegs grundsätzlich der Fall. — Die Schuld wurzelt in der Gesinnung; ihre Intensität wird durch Größe des Pflichtobjekts, Möglichkeit der Pflichterfüllung, Motive der Tat und Charakter des Täters bestimmt. —

Ihr gegenüber steht die allgemeine Gefährlichkeit des Menschen, die oftmals in der Schuld sich ausdrückt, aber auch oft völlig von dieser verschieden ist. —

III.

Einige allgemeine Vorbemerkungen sind wohl erwünscht, bevor wir uns zu den Einzelfragen wenden.

a) Einmal muß man sich darüber klar sein, daß die Betrachtung des Begriffes „Schuld" im Gegensatz zu der Erörterung der Unterbegriffe „Vorsatz" und „Fahrlässigkeit" wohl berechtigt, ja sogar nötig ist. Wir finden freilich das Wort Schuld nur einige Male in unseren Strafgesetzen [1]; hierbei bedeutet es offenbar nur eine kurze Zusammenfassung der zwei praktisch allein vorkommenden Unterarten. Ob der Gesetzgeber jemals dazu kommt, daß er ohne Hervorhebung spezieller Schuldarten allgemein die schuldhafte Tat nennt, mag ganz dahingestellt bleiben (für völlig ausgeschlossen möchte ich das nicht einmal halten, man denke an unsere Behandlung des Polizeiunrechts). Ich meine auch beobachten zu können, daß wir uns den Schuldbegriff gar nicht recht klar machen können, ohne sogleich an eine der zwei Spezies zu denken; aber ich glaube nicht zu irren, wenn ich sage, daß das auf einer einseitigen Gewohnheit beruht, die wir überwinden sollten. Ihre üble Folge ist die, daß wir einseitig denken, stets von der „regelmäßigen" Schuldform des Vorsatzes ausgehen [2] und die Fahrlässigkeit wesentlich negativ als Nicht-Vorsatz konstruieren. Darüber geht uns der einheitliche Grundgedanke zu leicht verloren. In der Konstruktion der Schuld als eines Willensfehlers wird man der Fahrlässigkeit selten gerecht, da man jene Konstruktion fast durchweg nur für den Vorsatz geschaffen hat. Danach ist es lebhaft zu begrüßen, daß die neueren Arbeiten den Begriff der Schuld im allgemeinen zu erörtern suchen. Bedauerlich aber ist es, daß der allgemeine Begriff bei der sorgfältigen Arbeit v. Hippels in der Strafrechtsvergleichung viel zu kurz gekommen ist; die Beschränkung der Gesetzgebungen auf die zwei Unterbegriffe hätte von der allgemeinen Betrachtung nicht abzuhalten brauchen, zumal da die Arbeit doch stark dogmatischen Charakter trägt. Auch die Darstellung

[1] Siehe das Wörterverzeichnis bei Binding-Nagler, Strafgesetzbuch.

[2] Man prüfe einmal daraufhin Frank, Festschrift S. 540 ff.

v. Bars in seinem monumentalen Werke „Gesetz und Schuld im Strafrecht" krankt an dieser Zwiespältigkeit. —

In der neuesten Zeit versuchte man, die strafprozessualen Begriffe des „Schuldspruchs", der „Schuldfrage" für die Erkenntnis des strafrechtlichen Begriffs zu verwerten [1]). Das ist entschieden abzulehnen. Gewiß sind auch Fragen der Kausalität, der Zurechnungsfähigkeit, der begleitenden objektiven Umstände zu beantworten, bis man einen „Schuldspruch" fällen kann. Aber damit werden doch jene Verhältnisse nie Elemente des Schuldbegriffes. Der Strafprozeß denkt nur an die schuldhafte Tat, die ihn allein interessiert; er denkt nicht nur an die formale, abstrakte Schuld, sondern an die materielle des konkreten Falles. Der Ausdruck „Schuldspruch" ist nur von dem wichtigsten Element dieses Gebildes genommen. Der Ausdruck „Schuldfrage" ist aber ein so ungenauer, daß man aus ihm doch wahrhaftig keine Schlüsse auf die Natur der Schuld ziehen darf: diese Frage umfaßt weder die ganze Schuld noch die Schuld allein! [2]) Es bedarf gar keiner Anstrengung, um das völlig willkürliche, rein die Zweckmäßigkeit beachtende der Abgrenzung zu erkennen. Der Begriff „Schuld" selbst aber ist für den Strafprozeß kein anderer als für das Strafrecht. —

b) Weiterhin muß jede Bearbeitung des Begriffes der Schuld sich vor Augen halten, daß er bis jetzt nicht mit praktischem Vorteil einheitlich für Ethik und Recht und hier für Zivil- und Strafrecht behandelt wird. Uns interessiert nur die Strafrechtsschuld. Wie weit diese mit der für das Zivilrecht geforderten Schuld formell und materiell zusammenfällt, das ist offenbar noch nicht klargestellt. Wenn auch gewiß beide Gebiete in ihrer Schuldlehre den gleichen Grundgedanken verfolgen, so mögen doch der Verschiedenheit der Zwecke entsprechend die Begriffe verschieden ausgebildet sein. Uebereinstimmung und Verschiedenheit sind wohl erst dann zu erkennen, wenn jedes Gebiet selbständig, aber unter stetem Ausblick auf das andere, seine Lehre entwickelt hat, was bisher offenbar noch nicht genügend durchgeführt ist.

Dasselbe gilt für die Frage, wie sich die Rechtsschuld zur sittlichen Schuld verhält. Die Anschauungen sind heute noch so unge-

---

[1]) Frank, Festschrift 525. Siehe auch v. Birkmeyer, Studien, 86.

[2]) Siehe Ötker, GS. 72, 163, gegen Frank.

klärt wie vor Jahrzehnten; der eine sieht im Schuldbegriff einen „natürlichen, nicht vom Recht geschaffenen“ [1]), der andere nennt ihn einen durchaus positiven, der für jedes Recht verschieden sei [2]). Die Ausführungen, die hierüber bei v. Liszt [3]), Jellinek [4]) und besonders bei Liepmann [5]) sich finden, sind nicht fortgeführt, so sehr sie das verdienten. Noch immer bleibt das schwere, lockende Problem ungelöst: wie stehen Recht und Ethik zu einander? Aus dem Grunde, daß seine Lösung kaum möglich sei, oder daß eine zu enge Verbindung der zwei Gebiete dem Rechte den nüchternen Zweckcharakter rauben möchte, darf man wohl nicht einfach die Frage beiseite schieben. Es ist mir aber nicht zweifelhaft, daß die Anschauung, die einfach grundsätzlich behauptet: Recht und Ethik sind zwei völlig zu trennende Gebiete, weder geschichtlich im Rechte ist, noch auch für die Zukunft das richtige trifft. Für die Schuldfrage wird sie leicht zu einer Lösung gedrängt, die unseren allgemeinen Anschauungen zuwiderläuft, und die daher das Strafrecht nicht in Einklang mit dem Volksempfinden zu bringen versteht.

Wir werden bei dieser Frage nur dann voran kommen, wenn wir trennen zwischen dem rein formalen Schuldbegriff und dem materiellen, der „Verschuldungsfrage“ (Ötker), d. h. dem Inhalt der Schuld im konkreten Fall. Diese Scheidung vermisse ich fast überall [6]). Führt man sie durch, dann möchten wir leichter zu dem Ergebnis gelangen, daß formell der Schuldbegriff des Rechts mit dem der Ethik zusammenfällt, daß aber materiell beide stark auseinander gehen können. Die meisten Erörterungen dieser Frage beschäftigen sich eigentlich nur mit ihrem zweiten Teil; finden sie da keine Uebereinstimmung, dann

---

[1]) Fr. Sturm, Verschuldung, S. 7; noch schärfer GS. 74, 163.

[2]) Bierling, Juristische Prinzipienlehre III, § 40, S. 237; allerdings s. S. 248. — S. auch z. B. Klee, Zur Lehre vom strafrechtlichen Vorsatz, 45 f. —

[3]) ZStRW., 3, 1 ff.

[4]) Die sozialethische Bedeutung von Recht, Unrecht und Strafe.

[5]) ZStRW. 14, 459 ff.

[6]) Gemacht wird sie z. B. von Kohlrausch, Irrtum und Schuldbegriff, 28 oben. — Siehe dazu unten S. 14 f.

ist der Schluß rasch bei der Hand, daß sie auch für die formelle Seite fehle [1]).

Während ich für die materielle Seite im allgemeinen auf dem Standpunkt der Richtung Merkels stehe, daß das Recht aus den Forderungen der Ethik erwachsen ist und sich dauernd diesen konform halten soll [2]), und wenn ich mich auch freue, daß diese Anschauung offenbar wieder an Boden gewinnt [3]), so muß ich doch das Bedenken äußern, daß man den Gedanken „das Recht ist das ethische Minimum", den besonders Jellinek ausführte und in dies Schlagwort prägte, ohne genügende Prüfung verwertet [4]). Ich halte es für irrig, daß „in allen Fällen der rechtlich Schuldige auch moralisch schuldig" ist (Mayer). Es gibt viele Fälle erheblicher Rechtsschuld ohne irgend eine moralische Schuld (politische Delikte, selbst Tötung). Diesem Ergebnis dadurch auszuweichen, daß man sagt, solche Fälle gehörten nicht unter die Betrachtung [5]), ist sehr bedenklich, denn es ist nicht ersichtlich, wo sie sich im Rechte unterbringen lassen sollen. Ebenso gefährlich ist es, wenn man mit Hilfe jenes Schlagwortes ganze Gruppen von Tatbeständen als moralisch indifferente beiseite stellt (— das sog. Polizeiunrecht —) und ihnen eine ganz besondere Behandlung angedeihen lassen will [6]). — Man wird eben immer nur daran festhalten können, daß formal das Recht (die Rechtsschuld) ganz dieselbe Struktur zeigt wie die Ethik (die ethische Schuld), daß beider Mittel formell gleich konstruiert sind, daß materiell das Ziel des Rechtes auf derselben Bahn liegt wie das der Ethik, nur erheblich näher, daß beider Wege zusammengehen können, nicht müssen. Grundsätzlich ist Jel-

[1]) Es muss übrigens beachtet werden, dass manche von der „ethischen Seite des Schuldbegriffes" sprechen, aber damit nur sagen wollen, dass dieser formal so konstruiert ist, wie der Schuldbegriff der Moralisten. So z. B. Graf Dohna, GS. 65, 313, bes. Anm. 2. Damit ist aber die Frage nur einseitig behandelt.

[2]) Siehe besonders M. E. Mayer, Schuldhafte Handlung, 103 ff. 110.

[3]) Auffallen muss es, dass F. van Calker im Band III der Vergleichenden Darstellung des Strafrechts, Allgem. Teil. („Die Bestimmung der Strafart nach der Gesinnung") nicht genauer auf diese Seite der Frage einging, obwohl sie gerade für ihn so nahe lag und so wichtig ist.

[4]) S. z. B. M. E. Mayer a. a. O.

[5]) So muss man doch Mayer Anm. auf S. 105 verstehen.

[6]) Statt aller anderen verweise ich auf Liepmann, Einleitung 155 f.

lineks Gedanke völlig richtig; aber er darf nicht zur Grundlage für allgemeine Folgerungen genommen werden, für die er niemals gemeint sein konnte. Deswegen ist es z. B. im höchsten Grade bedenklich, ja falsch, wenn man sich mit dem Bewußtsein einer moralischen Pflichtwidrigkeit zur Begründung der Verschuldung begnügt; es kann nur auf das Bewußtsein einer Rechtswidrigkeit ankommen [1]). —

Wenn man sich aber historisch darüber klar sein sollte, daß die Strafrechtsschuld sich stets so entwickelte, daß die moralische Schuld ihr zum Vorbild diente, daß wir also für die Rechtsschuld, so wie sie geworden ist, den Zusammenhang mit dem Gedanken der moralischen Schuld nicht wohl verkennen können, dann bleibt natürlich noch die ganz andere Frage, ob das zukünftig auch so sein sollte. Ich möchte annehmen, daß der, der diese Frage verneint, die im Menschen liegenden Kräfte recht sehr verkennt. —

Danach können wir sehr wohl bei den Ethikern für die Erklärung dessen, was wir heute Strafrechtsschuld nennen, viel lernen. Richtig ist freilich, daß die Ethiker selten die Bedürfnisse der Juristen kennen, und daher selten genug Wege gehen, die zu äußerlich praktischen Ergebnissen führen, wie sie der Jurist ohne weiteres brauchen kann. Richtig ist aber auch, daß der Jurist immer auf dem Boden realer Erfahrungen bleiben muß, daß er also nicht Konstruktionen der Ethiker gebrauchen kann, die metaphysischer Natur sind. —

c) Endlich muß beachtet werden, daß wir in unseren Untersuchungen viel schärfer, als es üblich ist, zwischen der formellen und der materiellen Seite des Schuldbegriffs unterscheiden sollten. Allerdings muß man sich erst darüber einigen, wie man den Unterschied verstehen will. — Ablehnen muß ich die Bestimmungen v. Liszts, daß Schuld formell die Verantwortlichkeit des Täters, dagegen im materiellen Sinn eine bestimmte Mangelhaftigkeit der sozialen Gesinnung sei [2]). Verantwortlich ist jemand, der für irgend etwas einstehen (antworten) muß, einerlei ob es von ihm verursacht ist oder nicht, einerlei wie

[1]) Ich komme hier dem Gedankengang Belings wohl am nächsten, Vergeltungsidee, 1908, 50 ff.

[2]) Lehrbuch, 16. und 17. Aufl., § 36.

er innerlich zu dem zu verantwortenden Etwas steht. Antworten muß jemand, weil er schuldig (pflichtwidrig) ist, aber vielleicht auch, weil er Eigentümer eines schädigenden Tieres, Vater eines unrechttuenden Sohnes ist, oder weil er sich vertragsmäßig dazu verpflichtete. Niemals steht sprachlich Verantwortlichkeit für Schuld [1]), die stets der Grund der Verantwortung ist. Nach v. Liszt wäre der Unterschied zwischen Schuldhaftung und Erfolghaftung nicht denkbar, denn bei der zweiten ist der Täter ja auch verantwortlich [2]). Diese bedenkliche Verwechslung zweier Begriffe, die aber nicht nur bei v. Liszt eine Rolle spielt, führt nun gar zu dem Satz, daß man überall da von „Schuld" reden könne, wo wir einen Menschen dafür „verantwortlich" machen, daß er „so ist". Diese sog. soziale Verantwortlichkeit, die in Wirklichkeit gar keine mehr ist, weil hier von einer Rechenschaftslegung gar nicht mehr die Rede ist, sondern einfach von einer sozialen Behandlung, muß dann logischerweise auch auf den Geisteskranken und das Tier ausgedehnt werden. Es ist kein Grund vorhanden, sie auf den Zurechnungsfähigen oder gar nur den zu beschränken, der psychologisch in einer bestimmten Beziehung zur Tat stand. Das Charakteristikum des Verantwortlichkeitsgefühles hilft uns gar nichts; es soll ja auch beim Geisteskranken vorhanden sein. Es ist vielmehr alles sozialgefährliche, das wir unschädlich machen, sozial verantwortlich, d. h. schuldig [3]).

Dieser Satz kann nicht dadurch aus der Welt geschafft werden, daß man einen Unterschied zwischen „mechanischer Kausalität und Motivation und innerhalb der letzteren wieder (zwischen) normaler und anormaler Motivierbarkeit" feststellt [4]). Denn der normal motivierbare Täter wird dann nur in anderer Art verantwortlich gemacht, als der anormal motivierte oder rein mechanisch kausal wirkende; die Verantwortung aber, das Einstehen für seine Individualität ist doch dasselbe beim bissigen Hund wie beim zurechnungsfähigen

[1]) Grimm, Wörterbuch XII (Wülcker, 1886), auch IX unter „Schuld", II, No. 8.

[2]) S. Frank, Festschrift, 521, auch z. B. schon Köstlin, System I, § 57: Schuld ist „das Mass der Verantwortlichkeit eines Zurechnungsfähigen".

[3]) Zu diesem Ergebnis muss Aschaffenburg kommen, „Das Verbrechen und seine Bekämpfung" (2) 213.

[4]) So Graf Dohna, Monatsschr. Krim. Psych. 4, 128.

Täter, — und jener von Dohna genannte Unterschied ist ja für das, was wir „Schuld" oder vermeidbare Pflichtwidrigkeit nennen, noch gar nicht genügend [1]).

Wir müssen also diesen irrigen Gedanken, daß Schuld gleich Verantwortlichkeit sei, aufgeben und einen anderen Unterschied der zwei Seiten des Begriffs feststellen: Schuld im formellen Sinn ist diejenige Erscheinung, die wir in gleicher Art bei jedem Verbrechen finden, Schuld materiell aber ist die Erscheinung, die inhaltlich verschieden den Unterschied zwischen den einzelnen konkreten Taten begründet, und nach der sich die Strafe in ihrer individuellen Abstufung richtet. Der Unterschied muß jedem auffallen; es war aber Ötker vorbehalten, ihn prägnant mit den Worten: „Schuld im abstrakten — im konkreten Sinn" zu bezeichnen [2]). Für nicht völlig glücklich halte ich nur den Vorschlag Ötkers, die konkrete Schuld „das Verschulden" zu nennen, denn ich sehe nicht recht, wieso dieser Ausdruck für die abstrakte Schuld nicht paßte. Und erhebliche Zweifel möchte ich auch gegenüber dem Ausspruch Ötkers vorbringen, daß die Doktrin bislang den Verschuldensbegriff nicht genügend ausgebaut habe. Ich verstehe nicht recht, wie Ötker das gegenüber den klassischen Ausführungen Feuerbachs [3]), gegenüber Berner und Wahlberg sagen kann. Noch M. E. Mayers Buch über die schuldhafte Handlung 1901 sucht die materielle Seite der Schuld auszubilden, für sie die recht erwünschte formelhafte Bezeichnung zu finden.

Aber darin hat Ötker Recht: „Die Notwendigkeit scharfer

---

[1]) Graf Dohna macht den Unterschied, um seine deterministische Vergeltungslehre — Mon. Schr. Krim. Psych. 3, 531 — zu halten. Ich halte den Unterschied auch dafür nicht für ausreichend. Dohna selbst spricht nicht davon, dass Schuld gleich Verantwortlichkeit. Da aber doch Vergeltung nur für Schuld erfolgen soll, und da eben Dohnas Vergeltung völlig gleich Aschaffenburgs sozialer Verantwortung ist, so trifft auch ihn mein Einwand gegenüber diesem.

[2]) GS. 72, 161. Dazu Finger, ebenda 72, 254 Anm. Hier macht sich geltend, wie leicht der eine Ausdruck verschiedene Begriffe decken kann. Finger lässt formelle Schuld die den Strafanspruch erzeugenden Tatsachen sein; sie kann trotz materieller Schuld fehlen (Diebstahl unter Ehegatten). Daran denkt Ötker offenbar nicht. Hier fehlt jede Rechtsschuld, damit auch die materielle. Höchstens der Unterschied v. Liszts käme hier zum Ausdruck.

[3]) Lehrbuch § 102—125.

Scheidung beider Schuldbegriffe" ist „eine wichtige Zukunftsaufgabe" (S. 162), man hat die Scheidung bisher zu wenig beachtet, sie kommt vielen Schriftstellern nicht recht zum Bewußtsein. Andererseits wird man bei dieser Scheidung und der Frage ihrer Bedeutung vorsichtig sein müssen, wie Ötkers Ausführungen selbst beweisen. Ötker sagt nämlich, daß der Ausbau der Verschuldenslehre im Grunde zusammenfalle mit dem Ausbau der Strafzumessungslehre (S. 163). Wenn aber das der ganze Gewinn der Scheidung sein sollte, dann möchte er recht problematisch sein und wesentlich in stark dogmatischen Spitzfindigkeiten bestehen. Man wird sich vielmehr zuerst einmal klar machen müssen, was zur abstrakten (formalen), was zur konkreten (materiellen) Seite gehört. Auf jener liegt vor allem die Grundfrage: was ist Schuld? Anormalität, Gefährlichkeit oder Pflichtwidrigkeit? Ist sie ein Moment der Einzeltat oder nicht. Hier schon taucht die Frage ihres Zusammenhanges mit dem Charakter oder der Gesinnung auf, — um dann bei der Frage nach der materiellen Seite wiederzukehren; denn wenn wir abstrakt sagen: Schuld ist etwas anderes als Gesinnung; sie ist denkbar, auch ohne daß sie der Gesinnung kongruent ist, dann müssen wir weitergehen und für die Schuld materiell fragen, ob sie sich nicht in ihrem Maße nach der Art ihrer Verbindung mit der Gesinnung richtet. — Hier liegen die Fragen, ob Schuld etwas rein psychologisches oder etwas ethisches ist, ob objektive Elemente zu ihr gehören [1]), ob sie ein Willensfehler ist. Hier ist der Streit der Willens- und der Vorstellungstheorie gelegen, hier die Frage nach dem Unterschied von dolus und culpa. Alle diese Fragen, insbesondere auch die letzte sind zu beantworten, ohne daß irgendwie auf das konkrete Schuldmaß einzugehen wäre. Will man diese zweite Frage erörtern, dann muß gefragt werden, welche Faktoren die Intensität der Schuld beeinflussen, wie der Charakter des Täters, die Motive der Tat wirken, ob psychologische oder ethische Momente hier zu beachten sind. Jetzt erst ist zu fragen, ob

---

[1]) Ötker a. a. O. meint, diese Frage gehöre zur Verschuldenslehre. Das ist aber wohl nicht richtig; sie gehört zu der Grundfrage nach dem abstrakten Wesen der Schuld. Nur die Art der Verbindung der Schuld mit den objektiven Momenten gehört zur Frage nach dem Schuldmass. Das hat Frank freilich nicht recht beachtet.

die culpa stets eine geringere Schuld darstellt; für die Klärung dieser Frage wird uns die Scheidung der zwei Schuldseiten wohl wertvolle Dienste leisten können. Auf dieser Seite des Begriffs möchte auch eher ein praktisch wertvoller Erfolg erreicht werden können [1] [2]).

IV.

Schon der letzte Gedanke führt uns über zur weiteren Frage: welche Punkte der Schuldlehre sind für die nächste Zukunft vor anderen zu behandeln? Die Antwort lautet dahin, daß kein Punkt unwichtig, daß alle in so enger Verbindung mit- einander stehen, daß sie alle gleich wichtig sind. Und da über keinen Punkt der Lehre auch nur im entferntesten äußerlich Einigkeit erzielt ist, so wird keiner unbeachtet bleiben dürfen.

Vorweg nehme ich den Gedanken Ötkers, daß die materielle Seite der Schuldfrage besonders eingehender Beachtung bedürfe (S. 169). Das hat schon v. Liszt hervorgehoben [3]; und es ist insbesondere der modernen Richtung im Strafrecht zu danken, daß diese Seite schon seit geraumer Zeit mit im Vordergrund des Interesses steht. Freilich muß man sich darüber klar sein, welche Bedeutung dieser Arbeit zukommt. Es ist ganz natürlich, daß eine wesentlich den Vergeltungsgedanken und die Generalprävention kultivierende Theorie sich von der eingehenden Erforschung des Schuldmaßes fernhielt, da ihr diese Erforschung unnötig war. Dazu kam die bewußte oder unbewußte Verfolgung indeterministischer Gedankengänge als Hemmnis; solche Anschauungen führen fast notwendig dazu, die völlige Gleichheit aller Schuld bei

---

[1]) Die Beachtung der Verschiedenheit der zwei Seiten möchte auch einer schärferen Erfassung der Schuldfrage im Prozess zu gute kommen. Die formale Schuldfrage wird man immer den Geschworenen völlig überlassen; die heute beliebte Spaltung der materiellen Schuldfrage aber erweckt lebhafte Bedenken und sollte wohl beseitigt werden. — Auch die Frage der sog. verminderten Zurechnungsfähigkeit liegt ausschliesslich auf dem Gebiete der materiellen Schuldseite. —

[2]) Man vergleiche mit diesem Unterschied den von Kohlrausch, Irrtum und Schuldbegriff, S. 1 f. zwischen Inhalt und Abstufung der Schuld gemachten Unterschied; dieser liegt rein auf der formalen Seite.

[3]) Lehrbuch § 36, Anm. 1.

äußerlich (scheinbar!) gleichen Taten anzunehmen. Erst die moderne grundsätzlich deterministisch veranlagte, psychologische Forschung veranlaßt mit größerer Entschiedenheit die bisher nur vereinzelt unternommene Untersuchung des psychologischen Vorganges, in dem wir die Schuld zu sehen gewohnt sind; man gelangt zu einer Zergliederung der Schuldfaktoren, zu einer Aufdeckung ihrer Ursachen und damit notwendig zur Erkenntnis, daß äußerlich, abstrakt, gleiche Schuld innerlich absolut individuell, eigenartig und von anderer Schuld verschieden ist[1]). Gefördert wird diese Richtung durch ein äußeres Moment: die Entwicklung unseres Gefängniswesens, das rein utilitaristisch die Spezialprävention in den Vordergrund schiebt und damit die Individualisierung des Strafrechts, die Beachtung der Persönlichkeit des Täters neben der Tat stärker als bisher fordert. So darf es uns gar nicht wundern, wenn ein absoluter Determinismus sehr bald dazu kam, die Bedeutung der Tat ganz zu leugnen und nur die Eigenart des Täters zu beachten. Die Möglichkeit, daß die einer psychologischen Vertiefung des Schuldbegriffs gewidmeten Arbeiten zu diesem Ergebnis gelangen, bleibt nun immer bestehen, dessen muß man sich bewußt sein. Ich sehe aber darin keine Gefahr; denn wenn unsere Forschungen wirklich die Unhaltbarkeit des bisherigen Schuldgedankens zwingend aufdecken, dann müssen wir uns dem eben fügen, und die Rechtsordnung wird darüber nicht untergehen. Ich bin aber überzeugt, daß wir nur zu einem besseren Verständnis der Schuld im bisherigen Sinne kommen, und sehe in der allmählichen Annäherung selbst orthodoxer Moderner, wie etwa v. Liszts, an den alten Schuldbegriff eine durchaus natürliche, notwendige Entwicklung. In dem Augenblick, in dem wir erkannt haben, welche selbständige Bedeutung die Tat und mit ihr die Schuld im bisherigen Sinn für unser Sozialleben haben, ist die radikal-moderne Richtung überwunden und wir sind angelangt bei der vertieften Auffassung der Schuld nach ihrer materiellen Seite. Das wird uns freilich weitab von der äußerlich formalen Betrachtung führen, die bisher herrschte;

[1]) Binding, Grundriss (7) § 92 S. 234 sagt, neuerdings werde der Satz proklamiert: „Gleiche Schuld — ungleiche Strafe." Das geht gegen die Forderung, dass man die Gesinnung beachten soll. — Hier ist mir Binding unverständlich, besonders angesichts seines Satzes, den ich unten S. 18, Anm. 2 zitiere.

es wird vielfach zu Ergebnissen führen, die denen der radikalen Modernen sehr nahe stehen. Es ist unvermeidlich, daß alle, die den materiellen Schuldgedanken zu vertiefen suchen, irgendwie auch den Gefährlichkeitsgedanken hereinziehen, — von Feuerbach bis auf Merkel und seine Anhänger. Die modernen Forschungen sind es, die uns diesen Weg zeigten und die zweifellos viel wertvolles auf diesem Gebiet uns schon gebracht haben. Der unbefangene Beobachter darf feststellen, daß auch die klassische Richtung das anzuerkennen beginnt, daß sie vieles von den Ergebnissen moderner Forschung sich schon angeeignet hat und nun bestrebt ist, einmal darzutun, daß sie ja längst das alles selbst gelehrt habe, sodann, es jetzt ihrem System einzuverleiben. Allerdings führt das leicht noch zu rein äußerlichem Aneinanderfügen zweier Gedankengänge (der alten Schuldlehre und der modernen Gefährlichkeitslehre), das wir in der verschiedensten Art beobachten können und dessen interessantester Vertreter neuestens Beling geworden ist [1]. Strafe ganz im alten, stark formalistischen Sinn und Sicherungsmaßregel als moderne Einrichtung stehen noch unvermittelt nebeneinander; noch haben wir es nicht erreicht, in der Strafe selbst dem materiellen Schuldgehalt vollauf gerecht zu werden, ohne den berechtigten Gedanken der reinen Tatvergeltung preiszugeben; noch ist der Gedanke, daß Vergeltungsstrafe und Sicherungsmaßregel für einander vikariieren könnten, ein ungefüger Ausdruck für den besseren Gedanken, daß die Strafe selbst schon die materielle Seite der Schuld stärker beachten und damit der gleichen Aufgabe dienen muß wie die sichernde Maßnahme. Wer aber in seinen Untersuchungen auf die materielle Seite der Schuld gar nicht eingeht, wie das jüngst wieder v. Birkmeyer tut [2], der geht methodologisch ganz verkehrte Wege. —

[1] Die Vergeltungsidee und ihre Bedeutung für das Strafrecht, 1908.

[2] Studien zu dem Hauptgrundsatz der modernen Richtung im Strafrecht. 1909. Charakteristisch der Satz auf S. 87: „Daher fragen wir, um die Schuld des Täters festzustellen, nicht nach Zweck, Motiv und Gesinnung." — Zum Glück ist unsere Praxis wohl sehr selten dieser Ansicht! — Gegen v. Birkmeyer darf ich Binding zitieren: „Ist er dagegen zurechnungsfähig, dann kann es für die Strafzumessung bedeutsam genug werden, wie gerade dieser Mensch sich herausgebildet hat, und welchen Druck die Verhältnisse auf ihn geübt haben." (Grundriss des Strafrechts (7.) Vorrede XIII.) Das klingt fast, als ob v. Liszt es geschrieben hätte. —

Das ist es, was Ötker mit seinem Satz sehr wohl erkannt hat. Aber er scheint nun der weiteren Forschung wesentlich den Weg spekulativer Erörterungen weisen zu wollen. Denn er will innerhalb des vorsätzlichen Verschuldens Abstufungen eingeführt sehen (dolus determinatus, indeterminatus, alternativus usw.) (S. 169). Das ist nun ganz gewiß sehr wertvoll und bedarf sorgfältiger Erwägung. Aber es trifft immer nur einen Teil, vielleicht einen kleinen, vielleicht nur den unerheblichsten Teil der Frage. Freilich reizt diese Aufgabe den Juristen, der sich in unsere bisherigen Denkmethoden hineingelebt hat, noch mehr als der andere Teil der Aufgabe, die rein psychologische Klärung der Schuld, die sich bisher noch nicht recht in unsere Konstruktionen einfügen will. —

Nur dürfen wir bei dieser Arbeit eines nicht übersehen: wer von der grundsätzlichen Richtigkeit unseres bisherigen Schuldgedankens (Schuld = vermeidbare Pflichtwidrigkeit der Einzeltat) überzeugt ist, der wird in der materiellen Vertiefung des Begriffs nicht so weit gehen dürfen, daß ihm unter der Hand der Schuldbegriff zerrinnt und an seine Stelle der Begriff der Gefährlichkeit des Täters getreten ist. Das aber glaube ich bei den Vertretern der Richtung feststellen zu müssen, die bisher sich am meisten bemüht hat, vom Schuldgedanken ausgehend durch Vertiefung seines materiellen Gehaltes der Anschauung moderner deterministischer Forschung gerecht zu werden, der Richtung Merkels. Denn sie sucht die Schuld auf den Charakter des Täters zurückzuführen, — mit vollem Recht; aber dabei kommt sie zu einem Punkt, an dem sie nur den Charakter und gar nichts mehr von der Schuld der Strafe zugrunde legt [1]). Das aber ist verkehrt: wenn nicht mehr die aus dem Charakter verstandene Pflichtwidrigkeit der Einzeltat das Objekt der Strafe ist, sondern allgemein der lasterhafte Charakter, wie er aus der Tat erkannt ist, dann haben wir keine Schuldstrafe mehr. An diesem Punkt also muß der Anhänger des Schuldbegriffs Halt machen; hier gehen Schuld und Gefährlichkeit auseinander, und wenn diese zweite nicht genügend bei der Schuld

[1]) Z. B. M. E. Mayer, Schuldhafte Handlung, 191: „weil die Schuld schwer wiegt, oder — was dasselbe heisst — weil der Verbrecher ein Verächter der rechtlichen Ordnung ist . . .“ S. auch Finger, GS. 72, 257.

berücksichtigt werden kann, dann muß sie selbständig neben der Schuld angegriffen werden.

Wie wenig allerdings diese ganze Sachlage bislang offiziell anerkannt wurde, das zeigt ein Blick in das Werk der Strafrechtsvergleichung: hier sind wohl Einzelfragen dieses Gebietes behandelt[1]): aber die Hauptfrage: Berücksichtigung der Gesamtpersönlichkeit, der Gesinnung in der Schuld, ist nicht gestellt. Deswegen kann auch die vortreffliche Arbeit v. Hippels über Vorsatz, Fahrlässigkeit, Irrtum zur Reform nicht genügen; denn sie ist fast ausschließlich eine formal-konstruktive, die eine der Hauptaufgaben in der scharfen formellen Trennung von dolus und culpa erblickt. — Die Herausarbeitung der Faktoren, welche die Schuldintensität beeinflussen, ihre knappe formelhafte Bezeichnung derart, daß der Richter angewiesen wird, sie zu berücksichtigen, ist von außerordentlicher Bedeutung: wenn man natürlich auch nie das erreichen kann, daß die Bewertung des Einzelfalles sich für den Richter von selbst ergibt, dann kann (und muß) doch das Gesetz den Richter wenigstens darauf hinweisen, welche Faktoren er beachten soll; der praktischen Ausbildung bleibt die große und schöne Aufgabe vorbehalten, den Richter zum genauen Verständnis dieser Faktoren, zu ihrer besten Erkenntnis und Bewertung zu erziehen. —

Aber die Frage ist trotz ihrer Bedeutung keineswegs die erste, die wir behandeln müssen. Als solche erscheint vielmehr immer noch die: ob die Schuld die Pflichtwidrigkeit der Einzeltat oder die allgemeine Gefährlichkeit, der Mangel an sozialer Gesinnung ist. Erst wenn man sich hier entschieden hat, kann man weiteren Untersuchungen praktischen Wert beimessen. Wer einmal ernsthaft über die Schuldlehre nachforscht, stößt immer wieder auf diese Grundfrage, die in etwas andrer Formulierung die des Determinismus ist. Erst wenn man sich klar gemacht hat, daß Schuld nur die vermeidbare Pflichtwidrigkeit der Einzeltat ist, haben die weiteren Erörterungen über das formale Wesen dieses Begriffes und danach über seine materielle Seite Bedeutung. Möglicherweise muß aber der Determinist erst einen anderen Schuldbegriff sich schaffen und

[1]) Erfolghaftung; bedingte Verurteilung und bedingte Begnadigung; Strafzumessung; unbestimmte Verurteilung; Behandlung unverbesserlicher Verbrecher.

untersuchen, wie dieser zu dem überkommenen sich verhält. Aber gerade die formale Seite darf auch nicht über der materiellen vernachlässigt werden: ist Schuld ein rein psychologisches Gebilde, oder ein rein ethisches, oder ein psychologisch-ethischer Begriff? Wie verhält sich dieser zu den anderen Elementen des Verbrechensbegriffes? Inwiefern kann die Schuld als Willensfehler bezeichnet werden? Hier ist das Gebiet für die Kontroverse: Vorstellungstheorie gegen Willenstheorie, und hier wird untersucht werden müssen, wie sich dolus und culpa unterscheiden.

V.

Ist die Schuld ein Moment der Einzeltat oder ist sie ein Mangel an der nötigen allgemeinen sozialen Gesinnung? Man wird gut daran tun, diese Frage zuerst in der hier gegebenen Beschränkung zu behandeln und noch nicht das Moment hereinzuziehen, ob die Schuld ethischen Charakter habe, und auch nicht die weitere Frage, ob der Determinismus noch an der Beschränkung des Strafrechts auf die Einzeltat festhalten kann. Allerdings ist eine Vermengung der verschiedenen Punkte insofern leicht begreiflich und schwer zu vermeiden, als der Anhänger des Satzes, daß Schuld gleich Abnormität sei, ihren ethischen Charakter wohl sicher leugnet. Aber umgekehrt: wer Schuld ein Moment der Einzeltat nennt, der braucht in ihr noch nicht unbedingt ein Gebilde des ethischen Gebietes zu sehen. Ferner wird der Determinist nicht in der gleichen Art wie der Indeterminist an der Bestrafung der Einzeltat festhalten können, und wenn er es doch tun will, ganz andere Gründe dafür geben müssen. Er wird geneigt sein, die Tat ganz anders zu bewerten als der Indeterminist.

Hier ganz besonders gilt die Warnung, nicht das historisch gewordene, uns in Gesetz und Praxis entgegentretende Gebilde mit dem zusammenzuwerfen, das wir uns als das richtige konstruieren. Trotz der Schwierigkeit genauer Feststellung der Entwicklung, trotz eines kaum zu überwindenden Subjektivismus auf diesem Gebiete, werden wir die Trennung der zwei Gedankenreihen durchführen können.

Daß nun die Schuld stets bis heute nur als ein Moment der Einzeltat angesehen wurde und wird, steht für mich fest. Ich kann mir die ganze Konstruktion unseres Strafrechts nicht anders erklären. Im Anfang wendete sich die Strafe doch sicher gegen den einen Erfolg; erst allmählich beachtete man dabei das geistige Moment; aber in dieser Entwicklung soweit zu gehen, daß man gar nicht mehr die Verursachung eines Erfolges als Objekt der Strafe, sondern nur als Symptom einer schlechten Gesinnung angesehen hätte, das fordert ein feineres Nachdenken, als es sich in der Rechtsentwicklung im allgemeinen äußert. Gewiß mag man oft genug — und mit Recht! — früher wie heute auch die allgemeine Gesinnung des Täters beachtet haben und noch beachten, immer benutzt sie doch der Richter nur, um die Schwere der Schuld eben dieses Falles zu erhärten; oder aber man ist sich dessen vollkommen bewußt, daß man die Gefährlichkeit des Täters neben der Schuld berücksichtigt[1]). Wer die Entwicklung der Lehre vom Rückfall und der Gewohnheitsmäßigkeit verfolgt, weiß das. Aber wie sollte man die ganze gesetzliche Entwicklung des Tatbestandes mit seinen Modifikationen und der Herausbildung von Spezialitäten anders verstehen, als eben dahin, daß nur diese Einzeltat das Objekt der Strafe ist. Alle die Feinheiten der Lehre von dolus und culpa sind nur zu begreifen, wenn man annimmt, daß in diesen Einzelerscheinungen der Psyche das für die Strafbarkeit wesentliche Moment steckt. Warum blieb das Strafrecht mit größter Starrheit dabei stehen, daß es nur an einzelne Taten die Strafe anknüpft? Auch psychologisch ist das Reagieren auf die einzelne Tat das viel natürlichere. So kann de lege lata nicht zweifelhaft sein, daß die Schuld ein Moment der Einzeltat ist.

Ohne alle weitere Erwägung folgt das schon aus der einen Erkenntnis, daß unser Strafrecht wie unsere Ethik bisher indeterministisch gedacht sind. Wer von der Willensfreiheit ausgeht, der bleibt notwendig bei der einen Aeußerung des freien Willens stehen. — Ebenso läßt sich der zweifellos maßgebende Vergeltungsgedanke zwanglos nur erklären, wenn man die Einzel-

[1]) Vgl. Merkel, Lehrbuch 259; Kohlrausch, Irrtum 35 f.; nur verallgemeinert Kohlrausch viel zu sehr. Beachte auch Liepmann, Einleitung S. 129 f. —

tat und ihre individuelle geistige Seite als Objekt der Strafe ansieht. Da man hierbei auch die äußere Seite der Tat berücksichtigt, wäre es ein merkwürdiger und kaum zu erklärender Dualismus der Auffassung, wenn man daneben nicht die bestimmte geistige Seite der äußeren Tat, sondern etwas ganz anderes, nämlich die mit der Tat ganz anders verknüpfte allgemeine Gesinnung berücksichtigte.

Das alles brauchte man wohl nicht mehr zu wiederholen; es machen sich aber neuerdings Ansichten geltend dahin, daß der Mangel an der sozialen Gesinnung, die Anormalität, das sei, was wir Schuld nennen. Wenn v. Liszt[1]) Schuld „die aus der begangenen Tat erkennbare Mangelhaftigkeit der für das gesellschaftliche Zusammenleben im Staat erforderlichen sozialen Gesinnung" nennt, so will er doch damit die in unserem Gesetz behandelte Schuld bezeichnen. Eine Beschränkung der Gesinnung auf die der Einzeltat wäre hier ja wohl denkbar, aber jedenfalls höchst auffallend; man müßte diese Beschränkung dann auch anders kennzeichnen, aber nicht die Tat nur als Erkenntnismittel der Gesinnung charakterisieren. — Ganz dieselben Wege geht Tesař[2]): Schuld ist Abnormität; je abnormer der Mensch, um so schuldiger. Das gilt für dolus wie für culpa; bei jenem liegt das charakteristische in dem anormalen Gefühlsleben; die culpa ist als eine anormale Vorstellungsassoziation gekennzeichnet. Die Schuld ist ein psychischer Defekt, das gesellschaftsschädigende Verhalten seine Funktion[3]). Allerdings scheidet Tesař zwischen dem Schuldurteil und dem Gefährlichkeitsurteil; jenes betrifft die Anormalität als etwas vorhandenes, dieses die Gesinnung als Grundlage künftiger Verbrechen; aber beide Urteile ergehen doch über ein und dieselbe psychische Beschaffenheit (S. 241). Auch hier ist eine Beschränkung der Schuld auf die Tat nicht zu finden. — Noch radikaler geht der Kritiker und Fortführer dieser Gedanken, H. Kollmann[4]) vor: Der Schuldbegriff, wie er bisher gelehrt wurde, gilt ihm ohne weiteres

---

[1]) Lehrbuch § 36, 16.—17. Aufl., S. 158.

[2]) O. Tesař, Die symptomatische Bedeutung des verbrecherischen Verhaltens. Abhandlg. d. Krim. Seminars a. d. Univ. Berlin NF. V. 3. 1907.

[3]) S. 201, 204, 217, 237.

[4]) ZStRWiss. 28, 449 ff. 468.

als überwunden. Es kommt immer nur darauf an, aus den verschiedenen Willensäußerungen „ein Bild der gesamten Willensdisposition“ zu gewinnen; das „Verhältnis zum Rechtsleben überhaupt“ ist das wichtige. Kollmann sagt nicht, ob unser bisheriges Recht schon mit diesem „Schuld“begriff vereinbar ist; Tesař beschränkt sich in seiner Darstellung auf die Dogmatik; er sagt nichts davon, ob er auch in den Gesetzen seinen Gedanken wiederfindet, daß die Tat nur Symptom der Abnormität sei; aber der Schluß liegt nahe, daß sie auch dem geltenden Recht schon ihren Gedanken zugrunde legen, — wie das ja v. Liszt zweifellos tut. Einen Beweis jedoch für die Richtigkeit dieser Auffassung kann ich nirgendwo finden. Tesařs Gedanke von der symptomatischen Bedeutung des Verbrechens ist kritisch höchst wertvoll, aber nicht zur Erklärung der Geschichte zu gebrauchen. Er gründet sich auf eine zu enge deterministische Anschauung, die im historisch gewordenen Recht eben nicht lebt. Nur für einige Sonderfälle — Gewohnheit z. B. — kann man sie auch historisch gelten lassen. —

Halten wir an dieser inneren Verbindung von Schuld und Einzeltat fest, dann dürfen wir doch sehr wohl schon für das geltende Recht die Schuld materiell aus der Gesinnung zu erklären versuchen; der radikale Indeterminist freilich, der nicht einmal eine Motivation anerkennen will, darf auch das nicht annehmen. Doch schadet dieser Dissens, da er sich nicht auf den formalen (abstrakten) Begriff bezieht, nicht. — Etwas gefährlicher könnte der überkommenen Schuldlehre aber der andere Einwand werden, daß man die culpa und den dolus eventualis nur erklären könne, wenn man beim Rechnen mit der Möglichkeit des Eintrittes eines Ereignisses und bei der Frage, ob der Täter den Erfolg im voraus gebilligt habe oder nicht, lediglich eine Bewertung der allgemeinen Gesinnung vornehme [1]). Ich darf schon hier erklären, daß ich diesen Einwand nicht für richtig halte: mag sein, daß die Praxis oft genug bei diesen Fragen sich einfach nach der allgemeinen Gesinnung richtet; das ist ein Abusus, der nur aus der Beweisschwierigkeit zu erklären ist; das Heranziehen der Gesinnung zur Erklärung des Vorganges und zur Bewertung des Schuldmaßes ist aber durchaus berechtigt. —

[1]) v. Bar, Gesetz und Schuld II, § 170f.

Ganz anders ist aber die Frage für die Zukunft: Können und sollen wir praktischerweise daran festhalten, daß wir die Einzeltat und mit ihr als ein ihr wesentliches Moment ihre geistige Seite bestrafen? Es ist kein Zweifel, die Frage hängt von der anderen ab, ob wir das Strafrecht deterministisch begründen können und werden oder nicht. Der Indeterminist wird an der Tat und der Tatschuld festhalten. Der Determinist wird das nicht in derselben Art können. Er kann Generalprävention treiben und dabei sehr wohl von der Einzeltat ausgehen; aber dabei braucht man sich nicht notwendig darum zu kümmern, ob es eine Tatschuld gibt; die Generalprävention will einfach Motive setzen und kann dabei an die Tat als den Beweis einer gefährlichen Gesinnung anknüpfen. In der Strafe gegen den Verbrecher jedoch muß der Determinist so weit zurückgehen, daß er praktisch den Kausalverlauf nicht mehr weiter zu verfolgen braucht, daß er eine genügende Menge von beeinflußbaren Bedingungen der Tat gefunden hat. Das ist gewiß der Fall, wenn er den Täter als Ganzes nimmt. Hier, in seiner Psyche, einerlei woher, ist ein geschlossener Kreis von Bedingungen der Tat gelegen, der immer wieder neu wirken kann, und der beeinflußbar ist. Hier darf der Determinist sehr wohl anhalten, um das selbsttätige Ich zu beeinflussen; er kann auch die Maßnahmen, die er gegenüber dem geistig sozialreifen, seine Handlungen voll beherrschenden Menschen anwendet, in denen er ein besonderes Unwerturteil abgibt und mit denen er auch Generalprävention treibt, als „Strafe" von den Maßnahmen gegen die nicht zurechnungsfähigen absondern. Ja, er kann diese Maßnahmen an die Einzeltaten als die sichersten Symptome mangelhafter Gesinnung anknüpfen. Das ist de lege ferenda so wenig eine „Rechtsblasphemie", wie der andere hier beigezogene Gedanke, daß das Strafrecht an dem Katalog der Einzeltaten als an einer magna charta festhalten müsse. Der Determinist muß und kann auch die starke Wirkung der Tat beachten und gegen sie reagieren: die Tat hat als gute wie als schlechte suggestive Kraft; sie beeinflußt aber auch die Vorstellungen der an sich unbeteiligten, die Tat lediglich bewertenden Umgebung.

Aber alles das ist keine Beachtung der Schuld der Einzeltat. An dem geistigen, selbständig aus der Psyche des Täters herausgehobenen Elemente der Einzeltat kann der Determinist nicht als dem Objekt seiner Strafreaktion festhalten, wenn er es nicht irgendwie gegenüber der Psyche des Täters analog dem Indeterministen verselbständigen kann. Wenn das von seinem Standpunkt unmöglich ist, dann gibt es keine Schuld mehr. Das haben klardenkende Deterministen bekanntlich stets zugegeben. Nur sollten sie dann auch die Konsequenzen freimütig ziehen und nicht immer wieder versuchen, an der Bestrafung einer Tat festzuhalten und sie zu erklären. Einen solchen nicht gelungenen Versuch sehe ich z. B. in Trägers Bestimmung [1]), Schuld sei Verursachung durch ein Wesen, das Einsicht in die Rechts- und Pflichtgebote und in deren Bedeutung für das Allgemeinleben hat. Die Handlung soll die sittliche Qualität eines Menschen enthüllen. Ehrlich gesagt ist danach die Tat nichts anderes als das Symptom für die Qualität eines sozialreifen Menschen. Die Schuld in dem (allerdings möglichen!) Sinn von Kausalität zu nehmen, ist aber nur ein Verbergen der Tatsache, daß man den alten Schuldgedanken aufgibt. — Es kann sich für die derart vorgehenden Deterministen nur darum handeln, ob ihre Maßregeln, die an die Einzeltat zurechnungsfähiger Menschen anknüpfen, um deren Psyche zu beeinflussen (und daneben Generalprävention zu treiben), nicht praktisch von den Indeterministen als „Schuldstrafe" angesprochen werden können. Ich möchte wohl annehmen, daß dieser Friedensschluß möglich, — ja wahrscheinlich ist! Der Indeterminist, der die Schuld vergelten will, wird immer mehr deren materielle Seite ausbilden, daher immer mehr die allgemeine Gesinnung des Täters berücksichtigen; er kann und muß in unzähligen Fällen auf die Vergeltung verzichten [2]); er übt Generalprävention praktisch genau so wie der Determinist; er muß endlich auch der Gefährlichkeit des Täters Rechnung tragen. Kurz: praktisch werden sich beide Anschauungen treffen können — und müssen, da eben keine völlig auszurotten ist. Nur müssen

---

[1]) L. Träger, Wille, Determinismus, Strafe, 1895, 213.

[2]) Ich muss dies ausdrücklich hier konstatieren, da es trotz seiner Selbstverständlichkeit von einseitigen Deterministen als eine Inkonsequenz des Indeterminismus angesehen wird; sie verwechseln immer wieder die staatliche Vergeltung mit der sittlichen im Sinne Kants. Gut Beling, Vergeltungsidee, S. 45 f.

beide ehrlich sein und sagen, daß sie von grundverschiedenen Gedanken ausgehen.

Aber ich bin davon überzeugt, daß auch der Determinismus wie das praktische Leben nicht so bald von der Schuldidee im bisherigen Sinne ablassen werden. Der Täter selbst (vorausgesetzt, daß er normal denkt) hat wie die Allgemeinheit die Vorstellung der abstrakten Fähigkeit des Anders-handeln-könnens. Auf diese Fähigkeit, die jeder Determinist als normale Motivierbarkeit anerkennt, bauen sich das Pflichtgebot auf und der Gedanke, daß schon zur Zeit der Tat die Möglichkeit vorhanden war, die Pflicht zu erfüllen. Sie ist an sich keine konkrete Freiheit, wenn sie auch vielfach als solche empfunden wird. Während nun der indeterministische Schuldgedanke die Tat auch an der allgemeinen Fähigkeit mißt, aber zugleich eine konkrete Freiheit annimmt und sich wesentlich auf diese zweite stützt, kann man deterministisch nur die allgemeine Fähigkeit anerkennen; sie reicht aber aus, um den Schuldgedanken zu erklären, so daß der Determinist die tatsächlich vorhandene Schuldvorstellung nicht als eine grobe Täuschung, sondern als etwas durchaus reales und richtig begründetes annehmen kann.

Wie sonach das Pflichtbewußtsein beim Täter mit Recht die Tat für die Zeit ihrer Begehung in Relation zu der auch für diese Zeit angenommenen normalen Motivierbarkeit setzt, so darf auch der Staat von dieser berechtigten psychischen Erscheinung Gebrauch machen. Er darf auch die Tat messen und bewerten und darauf sein Strafrecht als Tatvergeltung gründen. Ja, wenn er es nicht täte, würde der einzelne, der selbst seine Taten so bewertet (und unter Umständen bereut), die Nichtberücksichtigung der Taten durch den Staat als einen Fehler, eine Schwäche ansehen. Nicht den indeterministischen Schuldgedanken braucht der Staat anzunehmen, und doch kann er den durchaus richtigen Vorstellungen gerecht werden, die den indeterministischen Schuldgedanken vortäuschen[1]. Viel-

[1]) Hierauf wird noch näher einzugehen sein. Vorläufig darf nur darauf hingewiesen werden, dass selbst ein so absoluter Determinist und Leugner des Schuldgedankens wie Aschaffenburg das Bedürfnis fühlt, das Verantwortlichkeitsempfinden des Einzelnen zur Rechtfertigung seines strafenden Einschreitens zu benützen: Verbrechen, S. 214. — Auch Träger, a. a. O. 201 f. führt das Schuldgefühl an. —

leicht liegt überhaupt unserem Reueempfinden und Schuldurteil gar nicht der indeterministische Gedanke zugrunde. Nicht daß ich bei meiner Tat anders hätte handeln können, sondern daß ich damals noch nicht so weit gefestigt war, daß ich dem bösen Trieb widerstehen konnte, empfinde ich als eine Last; dies erweckt meinen Mißmut, wenn ich mir klar mache, daß die Fähigkeit zur Entwicklung schon damals in mir vorhanden war. Aus diesem Erkennen und Messen des tatsächlich Erreichten an dem Erreichbaren entspringt das Streben nach Besserung, allerdings vielleicht unter einer Täuschung über die physiologische Möglichkeit der Entwicklung. Ebenso geht das Schuldurteil vor: Du hast bei deiner Tat noch nicht die Festigkeit der Gesinnung erreicht, die du damals schon hättest erreichen können und dann auch objektiv hättest erreichen sollen. Eine Mißbilligung dieses Zustandes ist denkbar, ohne daß man weiter sagt: Du hast also die Möglichkeit in concreto gehabt, damals das Böse zu vermeiden. Es ist aus den Verhältnissen zu erklären, warum die abstrakte Fähigkeit nicht genügend entwickelt war. Das heißt also, daß es nur die ungenügende Entwickelung, die allgemeine Willensschwäche ist, die den Schuldgedanken trägt, freilich ohne daß sie mit der Schuld identisch wäre, wie von deterministischer Seite oft gelehrt wird. Aber immer verlangt der Schuldgedanke auch den Vergleich der tatsächlichen Schwäche mit der tatsächlichen Entwicklungsmöglichkeit. Die „Vergeltung" ist nichts anderes als das Unwerturteil über diese in der einen Tat sich äußernde, der Tat adäquate Willensschwäche. Sie ist objektivierte Reue, nach der Erfahrung regelmäßig notwendig zur Aufrechterhaltung der Rechtsautorität, zur Bekräftigung der Rechtspflichten gegenüber dem Täter und der Allgemeinheit. —

Gerade diese Erkenntnis zwingt aber auch zur Beachtung des ganzen Charakters des Täters und zur Benützung der Strafe als Mittel der Einwirkung auf den Täter im allgemeinen. Sie führt uns dem gewöhnlichen deterministischen Standpunkt, nach dem der Mensch gestraft wird, „weil er so ist", nahe, ohne daß wir völlig mit ihm zusammenkommen; denn sie bleibt bei der Bewertung der Einzeltat grundsätzlich stehen[1]). —

---

[1]) Siehe die Fortführung dieser Gedanken und ihren Ausbau unten S. 35ff.

VI.

Ich habe bisher einfach die Frage erörtert, ob Schuld, so wie wir sie bisher auffaßten, und so wie wir sie mit Nutzen für die Folgezeit auffassen, ein Moment der Einzeltat und nicht gleich dem gesamten Verhalten eines Menschen ist. Nun aber taucht die Frage auf, welchen Platz unter den Elementen der Tat die Schuld einnimmt. Vor allem: ist sie ein psychologisches, normatives oder ethisches Moment? Ich trenne wohl mit Recht „normativ" und „ethisch". Das normative Denken an sich setzt ein Geschehen lediglich objektiv in Beziehung zu einer Norm, einem vorgestellten Ideal, diese Norm im empirisch-quantitativen wie teleologischen Sinn genommen [1]); das ethische fügt aber das Pflichtmoment hinzu und ist daher nur bei Menschen anwendbar: der Mensch soll die Norm zu erreichen streben; wir beurteilen nicht nur das Erreichte, sondern auch das Streben [2]). Den Begriff des Ethischen aber darf ich sehr wohl in dem weiteren Sinn nehmen, daß darunter auch das Rechtsleben fällt, nicht nur die Moral, wie ich sie gerade dem Recht gegenüberstellte. —

In dieser Frage sind die Meinungen sehr verschieden; aber offenbar haben die Verschiedenheiten nicht in jeder Hinsicht praktische Bedeutung. Nur die Auffassung, daß Schuld etwas ethisches sei, hebt sich scharf ab von der anderen, daß sie lediglich normativen Charakter habe. Wenn man neuerdings die Frage zu klären unternimmt, so ist das — trotz der momentanen praktischen Unerheblichkeit — zu begrüßen, denn es ebnet uns wohl den Weg zu richtigerer Erfassung der Begriffe. Wir finden die Auffassung, daß Schuld etwas rein psychologisches sei [3]), — umgekehrt, daß sie etwas rein ethisches, eine ethische Bewertung sei [4]). Am meisten

[1]) S. Windelband, MonSchr. Krim. Psych. 3, S. 4 f.

[2]) Darauf haben schon andere vor mir hingewiesen; aber es muss immer wieder betont werden.

[3]) Hauptsächlich Radbruch, ZStRWiss. 24, 333. S. auch Klee, Zur Lehre vom strafrechtlichen Vorsatz, S. 41—47.

[4]) Neuestens sehr entschieden Sturm, GS. 74, 160 ff.

vertreten möchte wohl die Auffassung sein, die in ihr ein psychologisches **und** normatives oder ethisches Element findet[1]).

Man ist darüber einig, daß die Strafe voraussetzt: ein äußeres Geschehen (Tätigkeit oder Unterlassen), das objektiv rechtswidrig oder besser sozialschädlich ist, ein Rechtsgut in seinem gesicherten Bestande irgendwie berührt. Das Geschehen muß jedenfalls in psychischer Beziehung zum Täter stehen. Es kann diese Beziehung auch zur Rechtswidrigkeit des Geschehens vorhanden sein[2]). Und diese Beziehung bewerten wir als norm- oder pflichtwidrig. Erst diese vier Elemente tragen den Schluß, daß die Tat strafbar sei. Daß sie vorhanden sein müssen, insbesondere, daß das Bewerten des Seelenzustandes nötig ist, damit wir strafen (oder belohnen), leugnet nach meiner Kenntnis niemand[3]). Nur fragt es sich, wo hier der Schuldfaktor steckt. Es dürfte klar sein: im äußeren Geschehen kann er nicht liegen, sicher auch nicht nach der Darlegung Trägers (oben S. 26); im Angriff auf ein Rechtsgut, diesen objektiv gesehen, auch nicht. Also bleiben der Seelenzustand und die Bewertung. Wenn aber nach unbezweifelt allgemeiner Ansicht jede Schuld ein Minus bedeutet, dann kann der Seelenzustand **als solcher** nicht die Schuld sein; denn ohne Bewertung ist er einfach eine Tatsache, die völlig die gleiche ist, wie ich sie auch bewerten mag. Erst wenn ich den Inhalt oder besser das Objekt der seelischen Beziehung mit hinzunehme und dieses als schädlich und verwerflich charakterisiere, kann ich sagen: der auf das rechts-

---

[1]) Vgl. z. B. v. Liszt, Lehrbuch, 16.—17. Aufl., § 36 ff.; Finger, GS. 72, 254. Graf zu Dohna, GS. 65, 314. Bierling, Juristische Prinzipienlehre, 3, 237 f.

[2]) Hier ist ein Irrtum abzulehnen: Die seelische Beziehung — das Wollen z. B. — kann niemals die Rechtswidrigkeit hervorrufen, wenn diese nicht durch die äusseren Umstände gegeben ist. Nur die Vorstellung hat der Täter, dass seine Kausalität bewertet werde; mit diesem Bewusstsein will er die Kausalität. Vielleicht ist sein Bewusstsein falsch, eine Täuschung, da er die Umstände oder ihre rechtliche Bewertung nicht übersieht. — Klee, Zur Lehre vom strafrechtlichen Vorsatz, 1897, § 3 führt dies sehr breit aus, um damit Bindings Satz: Schuld der Wille eines Handlungsfähigen als Ursache einer Rechtswidrigkeit ad absurdum zu führen. Bevor ich Klees Kritik kannte, habe ich nicht gewusst, dass man Binding dahin missverstehen könne, dass er sage, der Wille erst schaffe die Eigenschaft der Tat als einer rechtswidrigen.

[3]) Vgl. z. B. den Satz Radbruchs a. a. O. S. 348, Abs. 2.

widrige Objekt gerichtete Seelenzustand ist ein solcher, der nicht sein soll, der von der Norm der erlaubten Seelenbeziehungen abweicht. Damit geben wir ein Schuldurteil über den Seelenzustand ab. Daß dies Urteil selbst nicht die Schuld ist, sollte man nicht bezweifeln. Aber auch der Seelenzustand stellt nicht selbst den Mangel dar; er trägt nur die Schuld, die jedoch wieder nicht selbständig außer ihm liegt, die nur mit ihm zusammen denkbar ist, ohne in ihm aufzugehen. Die Schuld ist die Beziehung des seelischen Verhaltens zu etwas Normwidrigem; sie ist nicht seine Eigenschaft. Daher ist der Ausdruck: „Schuld ist böser Wille" nicht ganz exakt; aber er kann doch richtig verstanden werden und braucht deshalb nicht als völlig verkehrt verworfen zu werden. Verkehrt ist es, aus diesem Ausdruck schließen zu wollen, daß die ihn anwenden, die Schuld rein psychologisch auffaßten. Bedenklich ist es aber auch, das „rechtswidrige Verhalten eines Subjekts an sich" und die „positivrechtliche Wertung desselben als einer den Handelnden belastenden oder verpflichtenden Tatsache" nebeneinander als die zwei Faktoren anzusehen, deren „Produkt" die Schuld ausmache [1]). Das ist eine zu äußerliche Verbindung, deren Fehler uns noch bei Radbruch und Frank stärker entgegentreten.

Danach sage ich: Schuld ist nicht das Werturteil, nicht der Inhalt desselben, sondern sein Objekt; dies aber ist nicht der Seelenzustand, sondern dessen Beziehung auf ein normwidriges Geschehen [2]). Nur ist ein Seelenzustand ohne Beziehung zu einem Objekt unmöglich. Die Schuld ist auch denkbar ohne ein Urteil über sie; nur das Objekt der psychischen Beziehung müssen wir jedenfalls bewerten. Man kann verstehen, wenn jemand sagt: also ist die Schuld die psychische Beziehung selbst, d. h. etwas rein psychologisches. Aber der Satz übersieht, daß uns die Beziehung, d. h. die Schuld doch nur zum Bewußtsein kommt, wenn wir den Seelenzustand und seine Beziehung bewerten. Nur die Besonderheit der Richtung der Psyche macht ihre Schuld aus. Daher ist diese nicht rein das Psychologische als solches. Da aber die Beziehung

[1]) Bierling, Juristische Prinzipienlehre 3, 237.

[2]) S. z. B. Kuhlenbeck, Der Schuldbegriff, 1892, 59. Schuldbegriff „ein moralischer Beziehungs-Begriff".

der Seele und das Verhalten der Seele stets zusammenfallen, so muß ich für das praktische Denken den Seelenzustand mit zum Schuldbegriff hinzunehmen [1]).

Es ist nicht ganz unwichtig, daß man sich das Verhältnis der einzelnen Elemente des Schuldbegriffes klar macht; denn man muß sich überlegen, auf was die Intensität der Schuld, auf was der Unterschied der Schuldarten gebaut ist. Und überhaupt sollte jede Betrachtung der Schuld von vornherein klar sagen, worin sie deren Wesen erblickt [2]). Sie entgeht damit Anfeindungen, die unter Umständen gefährlich sind. Denn allerdings ist die rein psychologische Beziehung des Täters zur Tat auch beim Geisteskranken zu finden, es kann daher einer Schulddefinition, die rein das psychologische Moment hervorhebt, der Vorwurf der Vagheit gemacht werden. Ich glaube aber dargetan zu haben, daß nur eine wenig eindringende Kritik den Vorwurf gegen irgend einen Schriftsteller aufrechterhalten kann [3]).

---

[1]) Ich glaube, hiermit Radbruchs scharfsinnigen Ausführungen soweit genug getan zu haben, als das möglich ist. Ob aber Radbruch überhaupt die Schuld etwas rein psychologisches nennen will? Ich möchte es bezweifeln, bes. wenn ich seinen Schluss lese: Der Oberbegriff (von Vorsatz und Fahrlässigkeit) ist zu definieren „als der Gemütszustand, der eine Handlung als für den Handelnden charakteristisch erscheinen lässt, und wenn jene Handlung eine rechtswidrige, die aus ihr zu erschliessende Gesinnung eine antisoziale ist, als Schuld bezeichnet wird.“ — Sturms Ausführungen leiden an der viel zu weit gehenden Zergliederung der Elemente der Schuld. Es ist praktisch verkehrt, Schuld nur das Attribut des Seelenzustandes zu nennen, a. a. O. 166. — Viel richtiger nennt Beling, Die Lehre vom Verbrechen, S. 46, die Schuld „ein bestimmt Geartetsein des Willens.“ Freilich stimmt das nicht ganz zu dem Satz S. 180: „Schuld ist die psychische Beziehung des Täters zu der Tat als einer tatbestandsmässigen, rechtswidrigen Handlung.“ Das lässt sich dann nur unter Betonung der von Beling unterstrichenen Worte halten. —

[2]) Ich werde, um ein Beispiel zu nennen, nicht völlig von Kohlrausch, Irrtum und Schuldbegriff, darüber aufgeklärt, ob er die Schuld in etwas rein psychologischem sieht oder nicht. Während er ganz offenbar den normativen Charakter derselben anerkennt — § 5 —, nennt er doch Schuld einfach eine subjektive Beziehung des schuldfähigen Täters zur Tat. Ist das nicht etwas rein psychologisches? Ebenso der Satz S. 34, dass die Schwere der Schuld von der Intensität der Pflichtvorstellung abhänge. —

[3]) v. Birkmeyer, Studien, Anm. 109 und Text S. 90 macht z. B. v. Liszt diesen Vorwurf. Ich finde aber, dass v. Birkmeyer bei v. Liszt

VII.

Aber wir sind hiermit noch nicht völlig zu Ende: man muß noch weiter fragen, ob das normative Element nicht sogar einen ethischen Charakter hat, und sodann, welche einzelnen Elemente das normative oder ethische Moment bilden.

Vorher darf ich nur noch auf eines hinweisen: offenbar machen die Worte, die wir für die Schuld als ihre zwei Arten gebrauchen, vielen Kritikern große Schwierigkeiten. Sie finden, daß das Wort „Vorsatz" etwas rein psychologisches bedeute, normativ aber indifferent sei, daß dagegen das Wort „Fahrlässigkeit" sofort auch das normative Moment der psychologischen Beziehung angebe. Freilich hat Radbruch es unternommen, dieses Moment dem Fahrlässigkeitsbegriff zu nehmen [1]; aber ich kann nicht finden, daß er Glück damit hatte; er hebt sehr schön die Wertung von der Nichtvoraussicht ab; aber daß das Uebriggebliebene nun noch Fahrlässigkeit sei, das bleibt zu beweisen. Andre vertreten Radbruchs Auffassung, ohne sie irgendwie zu begründen [2]. Das widerspricht leider völlig unserem heutigen Sprachgebrauch, wenn auch vielleicht nicht der Wortbildung [3].

Ich halte aber diese gesuchte Schwierigkeit für ganz unwesent-

nicht den ganzen Absatz aus § 36 I[1] beachtet hat; denn da ist das normative Moment als „Mangelhaftigkeit der sozialen Gesinnung" klar genannt. Und wenn das noch nicht genügt, dann hebt No. 2a daselbst klar das Erfordernis der Schuldfähigkeit hervor.

[1]) ZStrRWiss. 24, 347f.

[2]) Vgl. z. B. Frank, Giessener Festschrift, S. 530[2]. Finger, GS. 72, 264 (aber „Sprachgebrauch!"). Bierling, Jurist. Prinzipienlehre 3, 242f.

[3]) Ich glaube nicht zu irren, wenn ich „fahrlässig" aus „fahrlos", ohne vâre, (absque dolo) herleite. Binding, Grundriss § 48 I. Das wird meist ganz übersehen. Vgl. die Wörterbücher von Grimm Band 3 unter „fahrlässig" und „fahrlos", Sanders, 2. Hälfte, unter „lässig" (Zitate Beck und Brockes), Adelung und Campe unter „fahrlos". Eine irgendwie gute ältere Quelle, die das Wort „fahrlässig" gebrauchte, ist nirgendwo genannt. Weigand-Hirt; Deutsches Wörterbuch, 5. Auflage, S. 492 meint, das Wort sei „wohl mit Anlehnung an Fahren entstellt aus einem mhd verlāēzec, vürlaezec, abgeleitet von verlâz, vürlâz, m. Lässigkeit, Versäumnis". Doch wird mir das von sachkundiger Seite als unmöglich bezeichnet. Danach bleibt als erste Bedeutung das einfach psychologische „ohne Vorsatz"; aber für heute kann das nicht mehr gelten Sanders sagt sogar schon bei fahrlos, dass es „ausser Acht lassen" bedeute.

lich. Das Recht bildet sich seine Worte technisch selbständig. Vorsatz, wenn auch in der Umgangsprache normativ indifferent, ist für das Strafrecht der Ausdruck für den rechtswidrigen Vorsatz geworden, sodaß das Wort sofort die Schuld a r t angibt und nicht nur ein psychologisches Element der Schuld. Somit ist auch der gemeinsame Oberbegriff für Vorsatz und Fahrlässigkeit ohne weiteres gegeben [1]).

Dieser Streit um Worte wäre recht bedeutungslos, wenn er nicht sachliche Folgen hätte. Man argumentiert nämlich nun folgendermaßen: Schuld verlangt ein normatives Element; Vorsatz ist etwas rein psychologisches, kann also allein nicht Schuld, sondern nur ein Schuldelement sein; daher muß es noch Schuldelemente außerhalb des Vorsatzes geben; diese sucht man nun in Verhältnissen, die ganz selbständig neben dem psychologischen Element stehen, statt sich klar zu machen, daß es eben eine mit dem psychologischen Element untrennbar verbundene Beziehung desselben ist, die das zweite, normative Element ausmacht. Den falschen Weg ging offenbar schon R a d b r u c h [2]); nur hat er die Folge nicht scharf herauszuarbeiten gewagt. Er sagt: Schuld ist der Gemütszustand u n t e r d e r B e d i n g u n g, daß die Handlung eine rechtswidrige ist, — also immer noch ist Schuld etwas rein psychologisches, das normative ist nur eine davon völlig gelöste Bedingung für die Schuld. F r a n k aber ging (ähnlich wie B i e r l i n g, dessen Meinung schon dargelegt wurde, oben S. 31) bis ans Ende [3]): nach ihm bilden drei Elemente den Schuldbegriff: die Zurechnungsfähigkeit, — die psychische Beziehung des Täters zur Tat, — die normale Beschaffenheit der Umstände, unter welchen der Täter handelt. Begreiflich ist das nur, wenn man die innere Einheit der Schuld völlig übersieht, in ihr nur ein Urteil über verschiedene zufällig zusammentreffende Verhältnisse erkennt, wenn man glaubt, die psychische Verbindung zwischen Täter und Tat vertrage überhaupt nicht eine Qualifikation. Daß in dieser völligen Zertrennung der Schuldelemente kein

---

[1]) S t u r m, Die strafrechtliche Verschuldung, 46 ff. behauptet besonders entschieden eine Divergenz der zwei Begriffe. — S. auch seinen Aufsatz, GS. 74, 189 f., 194 f, 201 ff. Vgl. z. B. auch schon M e r k e l, Lehrbuch § 32, No. 5.

[2]) ZStrRWiss. 24, 348.

[3]) Giessener Festschrift 527 ff.

Fortschritt liegt, wurde sofort erkannt[1]). Ich bin geneigt anzunehmen, daß Franks Auffassung noch ein Ausläufer seiner Vorstellungstheorie ist, die ihn verleitete, das psychologische Moment „Vorstellung“ außer aller Verbindung mit normativen Momenten darzustellen. —

Weniger sachliche Bedeutung hat die andere Folgerung, die Sturm aus der irrigen Annahme zieht, daß der Vorsatz etwas rein psychologisches sei, während er die Schuld doch als etwas normatives erkennen mußte; indem er das psychologische Moment ganz aus dem Schuldbegriff beseitigt, blieb ihm nur das Urteil über den Seelenzustand als Schuld übrig; d. h. er setzt das rein objektive an die Stelle des subjektiven[2]). Wie Sturm irrig und ohne genaue Erkenntnis des wahren Sinnes der Erörterungen der Juristen behauptet, daß in der strafrechtlichen Schuldlehre der Seelenzustand allgemein mit dem Schuldbegriff verwechselt werde, so kommt er selbst zu der Unklarheit, die Schuld schlagwortartig als „Bosheit“ (= Vorsatz) und „Torheit“ (= Fahrlässigkeit) zu charakterisieren[3]). Die Schuld ist nicht ein Attribut des Willens, wie Sturm und Beling sagen, sondern eine Beziehung des Willens. Die Auffassung Sturms muß bei der Fahrlässigkeit auf gerade so große Schwierigkeiten stoßen, wie die Auffassung, die in der Schuld etwas rein psychologisches sehen will, was noch später darzulegen sein wird. —

VIII.

Die Frage nun, ob das normative Element im Schuldbegriff ethischen Charakter trage, bringt uns wieder zu den Sphinxrätsel des Determinismus. An sich möchte wohl kein

[1]) v. Liszt, Lehrbuch (16/17) § 36 Anm. 1 am Ende. Ötker, GS. 72, 165. Sturm, GS. 74, 191 ff. — Ich möchte doch noch betonen, dass Frank inhaltlich nichts wesentlich neues sagte; er hat nur die Verhältnisse der materiellen Schuldseite genannt, ohne diese recht von der formalen zu unterscheiden.

[2]) Es ist bedauerlich, dass die verdienstvolle Arbeit Sturms GS. 74, 160 ff. durch diese Einseitigkeit und die zähe Verteidigung derselben stark beeinträchtigt wird.

[3]) GS. 74. 165, 169.

Jurist den ethischen Charakter der Schuld leugnen; nur werden die Deterministen ihn in ganz anderer Weise erklären müssen, als die Indeterministen.

Die Eigenart der Strafschuld als eines Mangels an der sozialen Gesinnung, einer Abnormität erkennen alle Deterministen an, die an der Zurechnungsfähigkeit als geistiger Normalität und sozialethischer Reife festhalten. Eine Bewertung schlechtweg nehmen wir aber auch gegenüber dem Kind, dem Geisteskranken vor. Für den Indeterministen ist die Sonderstellung der Zurechnungsfähigen als Schuldfähiger leicht zu begreifen; er nimmt — allerdings merkwürdig genug! — einfach für diese die Ausbildung der Willensfreiheit an. Der Determinist, der im Geistesleben nicht mechanische Kausalität kennt, erkennt für die Zurechnungsfähigen die normale Wirkung des sozialen Pflichtmotivs an und trifft sich insoweit mit dem Indeterministen. Er setzt dem Schuldigen für die Zukunft Zwecke. Aber hier nun müssen wir eine Unklarheit aufdecken: Der Indeterminist sagt: „Der Zurechnungsfähige konnte schon zur Zeit der Tat diesen Zwecken gemäß frei handeln; ich strafe ihn, weil er das nicht tat". Nach ihm liegt die Schuld darin, daß der Täter als Willensfreier unrecht handelte. Das ist eine ethische Bewertung der vergangenen Tat. Der Determinist aber nimmt die Zurechnungsfähigkeit (d. h. das in die Erscheinung tretende Verhältnis, das dem Indeterministen Grundlage für die Annahme der Willensfreiheit ist) zunächst nur als Grundlage für die besonders geartete Einwirkung auf die Zukunft an: er behandelt den Zurechnungsfähigen mit anderen Mitteln als den Zurechnungsunfähigen; für ihn ist Zurechnungsfähigkeit zuerst Straffähigkeit. Wer nun dabei stehen bleibt, dem brauchte es auf die geistige Beschaffenheit des Täters zur Zeit der Tat gar nicht anzukommen. Man könnte sagen: einerlei, ob du damals normal motivierbar warst, du hast durch die Tat eine Schwäche bewiesen, um deretwillen ich dich jetzt fassen muß, und wenn du jetzt zurechnungsfähig bist, dann fasse ich dich mit dem Mittel der Strafe. Wer aber ein wenig genauer nachdenkt, der kann auch als Determinist dabei nicht stehen bleiben. Es muß auch zur Zeit der Tat der Täter schon normalen Pflichtmotiven zugänglich gewesen sein. Denn nur dann kann ich seine Tat als eine solche Schwäche ansehen, die bei ihm nicht erwartet wurde, die eine besondere Charakterisierung und eine besondere Einwirkung für die Zukunft nötig macht. Schädliche Taten von Kindern und Geisteskranken sind etwas gewöhnliches, diesen Menschen adäquates. Sie regen uns nur auf, da wir Sicherung vor solchen Gefahren verlangen. Bei der Tat eines Zurechnungsfähigen aber haben wir darüber hinaus noch eine andere Empfindung. Wir nahmen an, daß dieser Mensch schon den gewöhnlichen Pflichtmotiven nachleben könne, und sehen uns getäuscht. Wir müssen daher ihm, der selbst seine Tat in Beziehung zu seiner damaligen Fähigkeit setzen kann, der daher Reue darüber empfinden sollte, ein Unwerturteil zum Bewußtsein bringen, das ebenso auch der Allgemeinheit gegenüber zum Ausdruck bringt: von Zurechnungsfähigen darf derartiges nicht getan werden. Bei Geisteskranken und Kindern darf ich gar nicht erwarten, daß mein Ausspruch über ihre Tat bei ihnen ein Echo erwecke; bei ihnen kann dies Urteil nur de futuro wirken; und daneben hat es keinen Sinn, zurechnungsfähigen Menschen zu sagen: ihr dürft nicht Taten begehen wie diese Kinder und Geisteskranken. So kann nicht nur, sondern so muß auch der Determinist dazu kommen, daß er die Taten Zurechnungsfähiger anders bewertet, als die der Zurechnungsunfähigen, daß er bei ihnen die Pflichtbewertung vornimmt, d. h. daß er sie ethisch bewertet; täte er es nicht, dann würde er die Augen vor einer nicht anfechtbaren Erfahrungstatsache schließen. Diese Auffassung aber verträgt sich sehr wohl mit der Anschauung, daß die Tat eine notwendige war. Nicht weil der Mensch damals in concreto anders handeln „konnte", strafen wir ihn, sondern weil er schon damals anders handeln „sollte". Und er sollte anders handeln, weil wir nach unserer Erfahrung bei ihm die allgemeine Fähigkeit, sich nach den normalen sozialen Pflichtmotiven zu richten, voraussetzen konnten.

Bei dieser Auffassung ist es kein Nachteil, wenn man die Zurechnungsfähigkeit als Straffähigkeit bezeichnet. Denn sie ist dies, weil die Strafe normale Pflichtmotive setzen will. Aber als solche ist sie zugleich Schuldfähigkeit, denn um schuldig sein zu können, muß man den normalen Pflichtmotiven zugänglich sein, muß man selbst die Beziehung seiner Psyche zur Tat an diesen

Pflichten messen können[1]). Richtiger bleibt daher immer, von Schuldfähigkeit zu sprechen. Ich möchte wohl annehmen, daß mancher nur durch die Furcht, er könne dem Indeterminismus Konzessionen machen, dazu verleitet wird, jedes ethische Moment in der Tat zu leugnen und nur von Straffähigkeit zu reden. Aber ohne daß er es weiß, gehört er doch zu den Ethikern, sobald er der Strafe irgendwie eine Beziehung zu Pflichtmotiven gibt[2]).

Der Determinist braucht damit den Schuldbegriff selbst nicht abzuändern, wie ihm vorgehalten wird, und wie er selbst oft genug glaubt, sondern er deutet nur Erscheinungen des Seelenlebens, die er genau so beobachtet, wie der Indeterminist, in anderer Weise. Auch er kann an der Bestrafung der Tat festhalten unter der Voraussetzung, daß diese eine pflichtwidrige war, und daß der Täter als Zurechnungsfähiger imstande war, Pflichten zu erfüllen, d. h. daß die Pflichtwidrigkeit in abstracto vermeidbar war. Ja ich wage den Satz, daß es nicht ein Stehenbleiben auf halbem Wege ist, wenn auch der Determinist noch die schuldhafte Tat bestraft[3]), sondern umgekehrt, daß dies erst die richtige Entwicklung darstellt, die der Determinismus zu erreichen hat. Ich halte es für begreiflich, aber für falsch, eine theoretische wie praktische Oberflächlichkeit, wenn der Determinismus meint, er könne nur den gefährlichen Menschen strafen, nicht den schuldhaften Täter. Danach bezeichne ich es auch als einen einfachen Irrtum, wenn Tesař und Kollmann die symptomatische Verbrechensbetrachtung als die höher fortgeschrittene gegenüber der „realistischen" ansprechen und dann bei der realistischen Auffassung glauben, diese bestrafe eigentlich nur die Verursachung[4]) [5]). Nicht verstehen

[1]) Es besteht zwischen beiden Begriffen eine „prästabilierte Harmonie" (vgl. Radbruch, ZStrRWiss. 24, 342). Gut Frank, Festschrift 527.

[2]) Das gilt z. B. selbst für Tesař, der a. a. O. 226ff. Zurechnungsfähigkeit = soziale Ähnlichkeit im retrospektiven und prospektiven Sinn setzt; erst bei Zurechnungsfähigen ist eine Wertung der Taten und eine Zwangsmotivation am Platze. — Tesař macht nur den Fehler, den auch andere machen, dass er nicht über die Wertung der Tat als eines Symptoms hinauskommt.

[3]) v. Birkmeyer, Studien S. 94.

[4]) Tesař, a. a. O. 193f. Kollmann, ZStrRWiss. 28, bes. 465.

[5]) Graf Dohna bietet mit seinen schönen Ausführungen in Mon. Schr. Krim. Psych. 3, 528ff. ein gutes Beispiel für die Auffassung, die unter den Anhängern

aber kann ich es, wenn ein Determinist gar sagt, seine Auffassung allein könne die Schuld erklären, die Lehre vom freien Willen sei dazu außerstande (so Träger a. a. O.). Das ist entschieden eine ebenso einseitige Verkennung der Lehren des Indeterminismus, eine Verwechslung absoluter Willkür und vernünftig pflichtgemäßer Entscheidung, wie umgekehrt die Verketzerung des Determinismus als einer materiellen Weltauffassung einseitig ist. Die deterministische Schuldauffassung deckt sich keineswegs mit der des Indeterministen, aber sie kommt dieser praktisch sehr nahe; sie hat vor dieser den großen Vorzug voraus, daß sie zugleich der allgemeinen Gesinnung ganz anders gerecht werden kann als der Indeterminismus; damit entfernt sie sich wieder von diesem praktisch sehr erheblich [1]). Es ist begreiflich, daß der Determinismus, dem es noch nicht gelungen ist, die Formel für die Verbindung von Schuld und Gesinnung und die Grenze von Schuld und Gefährlichkeit sicher festzustellen, der aber die dringende Notwendigkeit empfindet, der Gesinnung und der Gefährlichkeit mehr gerecht zu werden, als das der Indeterminismus bisher zustande brachte, zuerst dazu kam, den Schuldbegriff ganz fallen zu lassen.

Daher ist es auch begreiflich, daß moderne Deterministen den Begriff der Zurechnungsfähigkeit ganz aufgeben wollen [2]). Das widerspricht freilich jeder Erfahrung; allerdings wird die Entwicklung die Kluft zwischen Normalen und Anormalen an vielen Punkten stark verengern [3]). —

Merkels herrscht: sie bleibt immer an der Bewertung des ganzen Menschen kleben. Im übrigen treffe ich mich mit seinen Anschauungen, die sich oftmals an Windelband anschliessen, vielfach. S. auch GS. 65, 318f.

[1]) Trotz dieses Unterschiedes aber kann ich nicht den deterministischen Schuldbegriff nur als den einer „Schuld im weiteren Sinn" anerkennen, wie ihn A. Köhler, Der Vergeltungsgedanke, 1909, 118ff. behauptet.

[2]) van Hamel, Mittlg. I. K. V., 13, 507 und früher schon; v. Liszt ZStrRW. 17, 82ff. = Aufsätze II, 226ff. Vgl. v. Birkmeyer, Studien 104ff. Ich erkenne aber nicht recht, warum v. Birkmeyer nur den älteren Vortrag und Aufsatz v. Liszts zitiert, aber mit keinem Worte dabei erwähnt, dass v. Liszt in seinem Lehrbuch — 16., 17. Aufl. § 36 — ausdrücklich die Zurechnungsfähigkeit als Schuldfähigkeit anerkennt.

[3]) Ich kann es nur als eine Verkennung praktischer Bedürfnisse bezeichnen, wenn sich der eine oder andere darüber wundert, dass wir die Zurechnungsfähigkeit als eine blosse Schuldmöglichkeit besonders behandeln.

Die Auffassung, die ich hier über Zurechnungsfähigkeit und ihr Verhältnis zur Schuld vertrete, darf als die regelmäßig vorgetragene gelten, so sehr auch Verschiedenheiten in einzelnen Punkten vorkommen[1]). Ich nenne nur v. Liszt[2]), Graf Dohna[3]), Ötker[4]), Finger[5]),

[1]) Ich möchte mir hier die Bemerkung erlauben, dass es offenbar ein grosser Fehler unserer Literatur auf diesem (und nicht nur diesem!) Gebiete ist, wenn die Schriftsteller immer nur einzelne Gedanken oder Sätze ihrer Vorgänger herausgreifen und gegen diese polemisieren. Auf solche Weise übt man wohl seinen eigenen Scharfsinn, nützt aber dem ganzen sehr wenig. Schwächen in Einzelheiten hat jede Auffassung und jede Darstellung, besonders auf einem Gebiete von so eminenter Schwierigkeit. Statt nun sich in die allgemeinen Grundgedanken einer Arbeit hineinzuleben, sieht man meist darüber hinweg, versucht nicht, seine eigene, oft grundsätzlich mit der andern übereinstimmende Ansicht mit der andern in Harmonie zu bringen und dann die grundsätzlich auf diese Weise gesicherte Lehre in ihren Einzelheiten fortzubilden, sondern man polemisiert nur gegen einzelne ungute Ausdrücke des „Gegners" und hemmt so den Fortschritt. Man versucht auch gar nicht zu erkennen, welche vernünftige Erwägung den „Gegner" zu seiner Auffassung etwa gebracht haben könne, sondern hält von vornherein das Vorbringen des Gegners für Ausfluss einer verkehrten Grundanschauung. Diesen Fehler finde ich besonders in der Arbeit Sturms im GS. 74, 160ff. — Wenn wir einmal die Methode befolgen wollten, das übereinstimmende unserer Ansichten festzustellen, — wir würden wohl zu unserer Überraschung finden, dass wir im wesentlichen alle die gleichen oder doch sehr nahe verwandte Gedanken vertreten.

[2]) Ich nenne v. Liszt, obwohl Radbruch, ZStrRWiss. 24, 343 die Sache so darstellt, als ob hier die Zurechnungsfähigkeit nicht mehr im gewöhnlichen Sinne Schuldvoraussetzung sei. Das ist nur insofern richtig, als v. Liszt mit Radbruch, Frank und vielen andern Vorsatz und Fahrlässigkeit rein als die psychologischen Elemente der Schuld ansieht, die dann natürlich nicht die Zurechnungsfähigkeit, d. h. soziale Reife voraussetzen. Aber v. Liszt nennt doch mit Recht Schuld etwas anderes als nur die psychologische Seite der Tat.

[3]) GS. 65, 318ff. Mon.-Schrift Krim. Psych. 3, 532ff. — Sturm, GS. 74, 189f. hat einen ungenauen Ausdruck Dohnas bemängelt. Dohna sagt GS. 65, 320: „in der Fähigkeit der Unterscheidung von Recht und Unrecht (liegt) die Fähigkeit zur Schuld." Das ist freilich nicht die Zurechnungsfähigkeit. Aber Dohna sagt selbst mit genügender Deutlichkeit, dass diese in der Fähigkeit vernunftgemässer Willensbestimmung liege (S. 319).

[4]) GS. 72, 164.

[5]) GS. 72, 257ff. Finger nennt die allgemeine Fähigkeit, sozialrichtig zu handeln, Schuldfähigkeit. Diese kann vorhanden, und doch kann in einem gegebenen Moment durch Bewusstseinstrübung die „Zurechnungsfähigkeit" beseitigt sein. Das ist sicher eine wichtige Unterscheidung; aber irrig ist es, die zwei

Sturm[1]). Ich scheue mich nicht, auch A. Köhler[2]) hier zu nennen, denn obwohl er lange und entschieden gegen die deterministische Auffassung von der Zurechnungsfähigkeit ankämpft, kann ich nicht finden, daß seine Begriffsbestimmung sich anders als durch den Wortlaut von der der Deterministen unterscheidet. — Eigene Ansichten vertreten aber Radbruch und Frank[3]). Beide gehen von dem Satz aus: Vorsatz und Fahrlässigkeit sind etwas rein psychologisches. Aber Radbruch läßt darin den Schuldbegriff sich erschöpfen, und da allerdings auch der Zurechnungsunfähige die in Vorsatz und Fahrlässigkeit liegende psychologische Beziehung zur Tat haben kann, so kann Zurechnungsfähigkeit nicht Schuldvoraussetzung sein; sie ist nichts anderes als Straffähigkeit. Daß Radbruchs Schuldbegriff aber falsch ist, ist ziemlich allgemein anerkannt (s. oben S. 34). — Frank nimmt das ethische Moment mit in den Schuldbegriff auf. Aber er objektiviert gewissermaßen die Schuld. Sie ist ihm eine Summe von Elementen, die ihrem Begriff zugrunde liegen. Und so nennt er die Zurechnungsfähigkeit einen Bestandteil der Schuld, allerdings ohne daß er sagen will, die gewöhnliche Auffassung sei falsch[4]). —

Zum Schluß ist zu bemerken, daß, wer den ethischen Charakter der Schuld anerkennt, für diese das Bewußtsein der Rechtswidrigkeit oder ihrer Möglichkeit anerkennen muß. Allzu lange hat man das verkannt; doch ist kein Zweifel, daß die richtige Auffassung

Begriffe in einen Gegensatz zu bringen. Zurechnungsfähigkeit nach Finger ist nichts anderes als die Schuldfähigkeit in einem bestimmten Moment; so Finger selbst S. 260, Abs. 2, 4, 6.

[1]) GS. 74, 197 f. — auch gegen Finger ganz richtige Bemerkungen.

[2]) Der Vergeltungsgedanke, 1909, S. 169.

[3]) Radbruch, ZStRWiss. 24, 338 ff. Frank, Festschrift, 526.

[4]) Wenn Radbruch für seine Auffassung die häufig genug vorgetragene Ansicht anführt, dass auch Kinder vor Erreichung des gesetzlich fixierten Alters der Zurechnungsfähigkeit schon schuldhaft handeln könnten, dann übersieht er, dass hierbei nur die verkehrte Idee mitspielt, dass die soziale Reife schon vor dem Alter erreicht sein könne, das im Gesetz festgelegt ist. Der Begriff der Zurechnungsfähigkeit bleibt trotzdem der der Schuldfähigkeit. — Feuerbach kann nicht gut als Eideshelfer für Radbruchs Ansicht gelten. Wenn Feuerbach dolus und culpa vor der Zurechnungsfähigkeit behandelt (§§ 54 ff., — 84 ff.), dann hat das sicher nicht den Grund, dass er diese nicht als Schuldfähigkeit anerkannte. § 84 sagt er ausdrücklich: „Die Zurechnung bestimmt die Schuld.“ S. auch § 88.

wieder langsam, aber sicher durchdringt. Ich brauche die Streitfrage hier nicht vorzutragen, da sie durch v. Hippel eingehend behandelt wurde [1]). Aus seiner Darstellung geht hervor, daß auch hier über den Grundsatz eigentlich die meisten grundsätzlich einig sind, wenn auch viele behaupten, daß sie dissentierten (z. B. v. Liszt, v. Bar). Die Gegner des Satzes vermeinen, daß seine Anerkennung praktisch zu unhaltbaren Folgerungen führe, aber sie müssen zugeben, daß seine Nichtanerkennung mindestens ebenso bedenklich ist. Auch seine Anhänger fürchten zum Teil von einer strengen Durchführung bedenkliche Folgen; daher werden viele Milderungen vorgeschlagen; auch v. Hippel glaubt, nur das Wollen der Tat als einer gesetzlich oder sittlich pflichtwidrigen zum Vorsatz fordern zu dürfen. Ich kann mich dieser unbestimmten Fassung grundsätzlich nicht anschließen, da Rechtsgebote und Moralgebote zu sehr auseinander gehen [2]). Aber ich glaube, daß ich mich praktisch mit der Auffassung treffe, die v. Hippel mit anderen vertritt, da ich es nicht für richtig halte, daß das Bewußtsein des bestimmten gesetzlichen Verbotenseins einer Tat verlangt werden muß. Der Täter muß nur wissen, daß seine Tat dem Rechte widerspricht, der Rechtsordnung in ihren allgemeinen Grundsätzen. Das ist wohl dasselbe, das andere als „unsittlich" bezeichnen; doch ist eine solche Auffassung viel zu unbestimmt: man kann manches für „unsittlich" halten und doch bei reiflicher Ueberlegung sich sagen, daß es nicht der Rechtsordnung widerstreite. Wegen der Seltenheit solcher Fälle aber schadet die Divergenz der Auffassungen nicht. — Für die culpa genügt die Möglichkeit des Bewußtseins. —

Wer die bei v. Hippel (S. 561 Anm. 1, S. 564 Anm. 1) aufgezählten Gegner und Anhänger der Lehre vom Bewußtsein der Rechtswidrigkeit gruppiert, der findet, daß gerade die späteren Arbeiten wieder mehr das Bewußtsein betonen. Das ist mir ein Beweis dafür, daß wieder mehr und mehr der Schuldgedanke vertieft wird: pflichtwidrig kann nur handeln, wer die Pflichten kennt oder mindestens kennen könnte.

Mehr und mehr wird auch das Verhältnis von Schuld und Gefährlichkeit schärfer herausgearbeitet und wird erkannt, daß der

[1]) Strafrechtsvergleichung, Allgem. Tl. Bd. 3, 548—564, 586—593.

[2]) S. oben S. 9ff.

nicht schuldhaft Handelnde oft als gefährlicher Mensch gefaßt werden kann und muß. Wo beides nicht vorliegt, hat staatliches Einschreiten keinen Sinn. —

Indem ich nun zusammenfasse und die Schuld die Beziehung des psychologischen Zustandes zu einer rechtswidrigen Tat nenne, bei der sich der Mensch in einem bewußten oder dem Bewußtsein zugänglichen Gegensatz zu den Rechtsgeboten befindet, dann erkläre ich auch die Schuld für etwas rein subjektives. Es ist natürlich doch möglich, die Tat eines Schuldigen „schuldhaft" zu nennen; aber gut ist dieser Ausdruck gerade nicht, wenn es auch übertrieben ist, hier von einer „Falschprädikatisierung" zu sprechen und zu meinen, daß die Theorie aus ihr sogar wieder falsche Schlüsse ziehe [1]). Irrig ist aber eine Auffassung, die überhaupt nur schuldhafte Handlungen anerkennen will, oder die zur Bildung des Schuldbegriffs reine Momente der Kausalität verwendet [2]). Während der zweite Irrtum jedenfalls abzulehnen ist [3]), geben wir gern zu, daß praktisch nur die Tat gewordene Schuld inbetracht kommen kann [4]) [5]).

[1]) So meint Kollmann, ZStrRWiss. 28, 454—459. — Der Absatz 2, Seite 459 ist eine völlig beweislose Behauptung.

[2]) Das erste tut M. E. Mayer „Schuldhafte Handlung", bes. S. 102 f. Zum zweiten gut Radbruch, ZStrRWiss. 24, 334 ff.

[3]) Das Hereinziehen der Kausalität in den Schuldbegriff hat offenbar zwei Gründe. Einmal tut man es, weil bei der Schuld die Beziehung der Seele zur Tat zu betrachten ist; diese aber äussert sich in der Kausalität, und nun kann man sich nicht entschliessen, das rein subjektive Moment der geistigen Beziehung von der Kausalität zu lösen. — Sodann macht stets die Erklärung der culpa Schwierigkeiten, da bei ihr die positive Beziehung der Seele zum Erfolg fehlt, und nur die Kausalität beide Punkte verbindet. S. z. B. die Anmerkung bei v. Wahlberg, Strafrechtliche Zurechnungslehre, Klein. Schriften I, 41. — Etwas ganz anderes ist die schon abgelehnte Lehre, dass Schuld das Urteil über ein Geschehnis sei; hier gehört die Kausalität natürlich zu dem zu beurteilenden Objekt.

[4]) Es ist eine höchst interessante Frage, ob hierbei das äussere Geschehen oder die Schuld wichtiger ist. Nach dem Sprachgebrauch, der Verbrechen eine schuldhafte Handlung nennt, müsste die Handlung das massgebende sein. Ich gestehe dem äusseren Geschehen um seiner selbst willen eine erhebliche Bedeutung zu, stelle aber die Schuld vornean. Dennoch bleibe ich „Realist" im Sinne der Ausführungen Tesařs und Kollmanns. S. oben S. 38.

[5]) Siehe hierzu Bierling, Jurist. Prinzipienlehre 3, 241/2.

Ablehnen muß ich eine Bestimmung der Schuld als eines Mangels der sozialen Gesinnung; dieser ist vielmehr die Grundlage der Schuld. Und abzulehnen ist auch die Auffassung Franks, der in der Schuld lediglich das Urteil über eine Reihe von Verhältnissen sieht, ohne deren Beziehung zur Seele eines Täters zu beachten [1]).

IX.

Uebersehen wir nochmals das bisher Gesagte: de lege lata beobachten wir alle eine Berücksichtigung der konkreten Tat; in ihr allein liegt die Schuld. In der Erklärung dieser Tatschuld sind wir grundsätzlich einig, so schroff auch oft die Gegensätze der Meinungen aussehen. Nur ein Punkt ist es, an dem die Gegensätze sich nicht ohne weiteres lösen lassen: wie kann der Determinist die Tatschuld begründen? Kann und soll er für die Zukunft an ihr festhalten? Ich bin immer mehr von der Ueberzeugung erfüllt, daß ihm die Lösung der Aufgabe gelingt, daß also auch hier eine grundsätzliche Uebereinstimmung zu erzielen ist [2]). Ohne eine solche möchte die einheitliche, sichere Entwicklung des Strafrechts wohl notleiden. —

Nun bleibt für die Frage nach dem abstrakten Schuldbegriff noch ein Punkt übrig, der von jeher viel Kopfzerbrechen gemacht hat, der aber von ganz erheblicher praktischer Bedeutung ist: Kann man die Schuld allgemein „bösen Willen" nennen? Trotz aller Schwierigkeiten vertraue ich auch für diese Frage auf die Möglichkeit einer befriedigenden Lösung. Die Frage ist wichtig wegen der Konstruktion des dolus eventualis und der culpa. Unter welchen Gesichtspunkten strafen wir diese zwei Schuldformen? und wie sollen wir sie im Verhältnis zum dolus directus behandeln? —

[1]) Auch den Ausdruck, den Frank gebraucht, „Vorwerfbarkeit" lehne ich ab. Entweder ist das = Pflichtwidrigkeit, und dann ist er unnötig. Oder er soll eben das objektive Urteil andeuten, und dann ist er unrichtig. Auf was oder wen er zu beziehen ist, ist unklar.

[2]) Ich betone, dass ich die Ansicht, die ich früher vertrat, — Schweiz. ZStrR. 14, 1901, S. 141 f. — als einseitig aufzugeben genötigt bin. Schon 1903, Schweiz. ZStrR. 16, S. 50f. habe ich sie stark modifiziert. —

Ich möchte vorweg nur bemerken, daß wir darüber hier nicht mehr streiten wollen, daß Schuld nicht Wille, sondern eine strafrechtlich relevante Beziehung der Seele ist. Die Schwierigkeit liegt bei dieser Auffassung genau ebenso vor, wie bei jener: worin kann man in den einzelnen Fällen die Beziehung überhaupt finden? Gibt es nicht Schuldfälle ohne diese Beziehung? Kann bei irgend einer Straftat der Wille fehlen?

Daß die Schuld stets Wille oder seelische Beziehung sei, das sagt eigentlich jeder Kriminalist; nur ganz selten finden wir einen Kritiker. Freilich konnte sich schon früher nicht jedermann von der Richtigkeit dieses Satzes überzeugen; die culpa paßte zu wenig zu ihm [1]). Ich kann nicht hier alle die interessanten Versuche aufführen, die man anstellte, um die Schwierigkeit zu überwinden, alle die Seiltänzerkunststückchen eines „negativ bösen Willens" oder eines „Nicht-nicht-wollens"; am bequemsten war immer die Lösung, daß man die culpa einfach aus dem Schuldgebiet hinauswies (s. v. Bar S. 443). Damit freilich wird man der Tatsache nicht gerecht, daß wir die culpa doch als Schuld strafen. —

Man muß sich klar darüber werden, warum denn die Schuld im Wollen begründet sein soll. Es wird mit dem Satz keineswegs verlangt, daß der Täter immer nur die Tat als eine rechtswidrige bewußt wolle; es soll nur in irgend einer Weise das Wollen die Tat als Folge tragen und sie mit der Psyche des Täters in Beziehung setzen. Nicht ist die Schuld einfach und immer ein Wollen; immer aber muß sie die Psyche des Täters belasten. Wie aber kann die Tat mit der Psyche anders als durch das Wollen verbunden

[1]) Für die Entwicklung siehe v. Bar, Gesetz und Schuld II § 230—232. Er selbst ist ein Gegner des Satzes, § 233. — Genauere Darlegungen bei v. Wahlberg, Zurechnungslehre, Kl. Schr. I, 41 Anm. v. Wahlberg selbst nennt auch die culpa Willensschuld. So noch 1882 „Die strafrechtliche Fahrlässigkeit", kl. Schr. III, 273; hier wird allerdings bei der Ausführung vom „Wollen" nicht mehr geredet! — Für heute brauche ich nur Binding, Normen II, § 37f., v. Birkmeyer, s. Encyclopädie 1038, 1054, Bierling, Jur. Prinzipienlehre 3, 317f., M. E. Mayer, Schuldhafte Handlung 35, 181—183, — auch v. Liszt, Lehrbuch § 39, 42 II (bes. No. 1) zu nennen. S. weiter v. Hippel, Strafrechtsvergleichung, Allg. Teil III, 567, Anm. 5. Als Gegner treten ausser v. Bar m. W. nur Löffler, Schuldformen I, 5 und offenbar auch Miřička, Formen der Strafschuld — bes. S. 173 — auf.

sein? Kann dazu die Vorstellung, kann der Verstand als Bindeglied ausreichen? Offenbar nicht; aus beiden allein resultiert nie eine Tat; nur wenn sie den Willen beeinflussen, wirken sie auch auf die Tat. Drum kann auch die sog. Vorstellungstheorie nie den Willen ganz außer Acht lassen. Dies Ergebnis ist ein ganz einfaches. Es kann nur nicht in dieser Einfachheit für die Erklärung der verschiedenen Schuldformen verwendet werden, wie man das allermeistens versucht oder doch zu tun sich vortäuscht. Wenn wir die Schuld als Willensmangel, besser als fehlerhafte Beziehung der Psyche zur Tat ansprechen, dann brauchen wir keineswegs auf die Lehre des Indeterminismus zurückzugreifen, die freilich wohl bei jenem Satz Patin gewesen ist. — Wer die rechtswidrige Tat anders als durch den Willen mit der Psyche verbinden kann, der braucht die Schuld nicht im Wollen zu begründen[1]).

Die Erörterung der vorliegenden Frage braucht nicht auf den Streit zwischen Willenstheorie und Vorstellungstheorie einzugehen, der bis in die jüngste Zeit mit mehr Aufwand von Geistesschärfe geführt wurde, als seiner praktischen Bedeutung zukommt. Ich vermag wenigstens nicht zu erkennen, welche Bedeutung für Gesetzgeber oder Richter es haben sollte, ob ich sage, der Wille richtet sich auf den Erfolg, oder, er richtet sich nur auf die Körperbewegung und wird von der Vorstellung des Erfolges begleitet. Keine der Theorien kann mir zu klarer Scheidung der Schuldformen dienen; keine gibt mir einen sicheren Anhalt für die genaue Abgrenzung der Strafbarkeit; beide stellen genau die gleichen Formeln für die Schuldarten auf. Die Vorstellungstheorie muß so gut wie die Willenstheorie das Hauptelement der Schuld, — das ethische — im Wollen selbst suchen, da die Vorstellung an sich wohl objektiv bewertet werden kann, aber nur durch ihre Beziehung zum Wollen ethische Bedeutung erlangt. Es ist Gefühlssache, welcher

[1]) v. Bar, a. a. O. § 233 will die culpa als einen Ausfluss mangelhafter Bildung des Charakters erklären. Abgesehen davon, dass das für viele Fälle — vielleicht die meisten — zu weit geht (s. unten S. 54) muss dann doch die Tat irgendwie dem Charakter entstammen. Die „Betätigung eines unerzogenen, rücksichtslosen Charakters“ ist doch immer eine Willensäusserung. Anders kann ich mir den Vorgang nicht vorstellen.

Theorie man sich zuwendet; ich selbst halte beide für einseitig, muß aber doch die Willenstheorie für die richtigere erklären [1]).

Wenn man die Frage erörtert, wie die Schuld auf den Willen zurückzuführen ist, dann kommt man ohne weiteres auf die Frage, ob man nicht hierbei verschiedene Arten der psychologischen Beziehung in der Tat anerkennen muß. Das heißt, wir müssen fragen, wie sich dolus und culpa unterscheiden, aber auch, ob nicht etwa andere Unterscheidungen richtiger sind. Solche tauchen immer wieder auf, ohne daß sie durchdringen können. Wenn wir aber an der alten Zweiteilung festhalten, hat das etwa seinen Grund darin, daß wir uns daran gewöhnt haben, oder darin, daß wir sie für die allein richtige oder die am wenigsten schlechte halten? Oder glauben wir, daß die nötige Individualisierung des Falles besser auf andere Weise als durch Unterscheidung formalistisch gebildeter Schuldarten geschehe? Ich halte das letzte für das richtige. Unsere Schuldzweiteilung ist berechtigt; wir benötigen sie zur psychologischen Individualisierung der Fälle. Aber sie bietet nur die Grundlage, auf der sich die eingehende normative Würdigung der Tat ganz selbständig und nach eigenen Gesichtspunkten aufbaut. Diese Untersuchung der Schwere der Schuld, ihre Zurückführung auf Charakter und Motive kann nicht mit der nach der formalen Unterscheidung der Schuldarten zusammenfallen. —

Wenn man mehrfach eine Dreiteilung der Schuldarten versucht hat, so ist das ein Beweis dafür, daß man wohl die verschiedene Gestaltung der Fälle herausfand. Aber wenn uns dies auch eine Mahnung zur Vorsicht sein muß, werden wir doch erkennen, daß die zur Dreiteilung führende Kritik nicht bis zu Ende kam, daß es ihr nicht gelang, das maßgebende Moment bei der Schuld herauszufinden, daß sie vielmehr an einer falschen Bezeichnung der ge-

[1]) Frank, Giessener Festschrift, 540 ff. hoffte, der Streit sei endlich beigelegt. So auch Ötker, GS. 72, 167 f. S. aber seitdem v. Hippel, Strafrechtsvergleichung, a. a. O. S. 487—528. Wenn v. Hippel meint, die von ihm bekämpfte Auffassung der Vorstellungstheorie sei jetzt verschwunden — S. 518 —, so dürfte er sich doch täuschen: die Ideen der Vorstellungstheorie sind immerhin schon durch viele Jahrzehnte vertreten worden und auch bei Psychologen nicht so ganz unbekannt. Sie sind nach meiner Ansicht zäher, als dass v. Hippel sie vernichtet hätte. —

meinen Auffassung, von der die ganze Kritik ausging (dolus = Wollen), haften blieb. —

Wenn man das formale Wesen der Schuld klarstellen und zergliedern will, dann muß man daran festhalten, daß sie in einer ethisch bewerteten Beziehung der Seele zur Tat besteht. Man muß also die Elemente dieser Beziehung heraussuchen und auf ihre Bedeutung prüfen. Danach kann möglicherweise eine Abstufung der Schuld eintreten. Aber das interessiert hier noch nicht. Hier fragt sich nur, ob wir nach der Verschiedenheit der Elemente der Beziehung der Seele zur Tat wesentlich verschiedene Schuldformen begründen können oder müssen.

Als die Elemente der Schuld werden von den Schriftstellern genannt: Vorstellen, — Wollen, — Billigen. Die Vorstellung bezieht sich auf die von dem Täter ausgehende Kausalität; natürlich kann es sich nur um solche Vorstellungen handeln. Nur für eine solche Tat kann die uns strafrechtlich interessierende Beziehung der Seele in Betracht kommen. Die Vorstellung kann ihr Träger nun billigen oder nicht billigen; im zweiten Fall ist sie ihm gleichgültig oder positiv unangenehm. — Billigen heißt: eine Vorstellung als den Strebungen des Ich adäquat empfinden. Es ist keineswegs notwendig, daß sich hiermit ein Lustgefühl verbindet. Man kann den Tod des schmerzgequälten Freundes billigen und tieftraurig darüber sein, man billigt sehr ungern den Verlust eines Vermögensstückes, ohne dessen Hingabe keine Rettung aus der Not möglich ist. Das Billigen kann sich auch auf fremde Taten beziehen. — Wollen ist nach meiner Ueberzeugung nur das Erstreben eines vorgestellten Erfolges. In jedem Wollen steckt ein Billigen. Ohne Zweck will ich nicht; den als nötig vorgestellten Erfolg meines Tuns will ich nicht, wenn er nur der an sich gleichgültige Durchgangspunkt zur Erreichung des bezweckten Erfolges ist, aber ich billige ihn. Vielleicht kann ich mein Wollen zunächst auf ihn richten, um dann von dem ersten Erfolg aus zum weiteren vorzudringen. Der Inhalt des Wollens ist also nur ein bestimmter Zweckerfolg. Zu sagen, der Täter „wolle“ alles, was sicher, wahrscheinlich oder gar nur möglicherweise auf dem Wege seiner Kausalität liege, widerspricht ebenso der psychologischen Erfahrung, wie der Satz, der Täter „wolle“ sogar das Verursachte, dessen er sich nicht bewußt sei[1]). Dagegen kann man etwas wollen = bezwecken, das man sich nur als möglich vorstellt. — Für diese Auffassung des Wollens ist es ganz einerlei, ob man Indeterminist ist oder nicht. Einerlei ist, ob man das Wollen eine besondere Seelenkraft oder nur eine Komponente von Vorstellungen und Gefühlen nennt. Einerlei auch, ob man nun sagt, man „wolle" die Innervation oder die Körperbewegung unter der Vorstellung des Erfolges, oder den Erfolg selbst. Natürlich kann man aber nur eine Kausalität wollen, die man irgendwie durch seine Tätigkeit entscheidend beeinflussen kann: inadäquate, stets denkbare Zufälle schaden dem Wollen dieser Kausalität nicht. —

Sehr oft, ja zumeist finden wir „wollen" da verwendet, wo wir nur von „billigen" reden können. Der ältere Sprachgebrauch, der Wollen streng nur für Bezwecken verwendete (s. z. B. Feuerbach in seinem Lehrbuch § 54) war durchaus richtig; nur folgerte man irrig, dies Wollen sei der dolus. Da man diese Gleichstellung beibehielt und erkannte, daß der dolus einen viel weiteren Kreis umfasse, mußte man auch dem Wollen einen weiteren Kreis setzen. Hiermit kam man dann zu dem unhaltbaren „eventuellen Wollen". Wer aber das nicht anerkennen konnte, wie z. B. Stooß und v. Bar[2]), der erklärte dann wieder irrigerweise, es gebe keinen dolus eventualis. Andere, ja die meisten, gaben zu, daß man bei dieser Dolusform nicht von Wollen sprechen solle, und verwendeten nun für sie das Wort „billigen". Das geschieht seit dem Ausgang des 18. Jahrhunderts[3]); und heute ist es so üblich geworden, daß es den Anhängern der Vorstellungstheorie so geläufig ist, wie denen der Willenstheorie[4]). Aber der Begriff des Billigens wird von man-

[1]) Ich muss das sagen, tue es hier ebenso apodiktisch, wie v. Hippel, Rechtsvergleichung, S. 503, Anm. 4, das Gegenteil behauptet. Die Lösung überlasse ich beruhigt den Psychologen. Ob nicht hier wie anderswo das Gefühl den Ausschlag gibt?

[2]) Stooss, ZStRWiss. 15, 199. v. Bar, Gesetz und Schuld II, § 168 ff; s. die Zitate S. 343, Anm. 108.

[3]) Man vgl. nur z. B. v. Wahlberg, Zurechnungslehre, Kl. Schr. I, 41, Anm. Löffler, Schuldformen, 206 ff. v. Bar, a. a. O. S. 283, 294, 324. Klee, dolus indirectus, 1906, 21 f.

[4]) Zitate bei v. Hippel, Grenze von Vorsatz und Fahrlässigkeit, S. 98 f. Dazu v. Liszt, Gutachten zum 24. D. Juristentag, I, 107 ff.; sehr interessant auch v. Rohland, Willenstheorie und Vorstellungstheorie, 13 u. 14. —

chen als vage bekämpft, als ein Notbehelf [1]). Sie möchten nur den Begriff des Wollens gelten lassen. Das ist jedoch durchaus falsch. Billigen ist ein ganz guter, genau umschriebener und sich vom Wollen abhebender psychologischer Begriff, der freilich bei jedem Wollen wiederkehrt, der gerade die im Wollen gesuchte Beziehung der Tat zur Psyche des Täters trifft. Wer statt seiner immer von Wollen redet, der trägt nicht zur Klarheit bei; aber immerhin mag man verstehen, was er sagen will: daß eben die Tat zum Täter in einer eigenartigen Seelenbeziehung stehen müsse [2]).

Wie kann man nun die Beziehung der Tat zur Seele des Täters feststellen? Wie verhalten sich die für die Feststellung regelmäßig verwendeten, eben besprochenen drei Begriffe zu dieser Frage? —

Ohne Vorstellung der Tat ist ihre Verbindung mit der Seele unmöglich. Das muß der erste und unabweisbare Satz sein. Danach kann ich aber auch auf eine Nicht-Vorstellung kein Schuldurteil gründen; eine unbewußte Schuld ist ein Unding. — Die Vorstellung der von mir ausgehenden Kausalität kann verschieden sein: ich sehe als sicher, — wahrscheinlich — nur möglich voraus, daß meine Tätigkeit den und den Verlauf nehme oder einen bestimmten Erfolg habe. Es ist gewiß verkehrt, diese Unterschiede leugnen zu wollen mit dem Hinweis darauf, daß man nichts als sicher voraussehen könne. So richtig dies theoretisch ist, so wenig berührt der Satz die tatsächlichen Vorstellungen der Menschen: ich stelle mir den Verlauf meiner Handbewegungen als völlig sicher vor. — Die Unterschiede können jedoch an sich noch nicht die Beziehungen zum Ich verschieden gestalten: ich sehe als völlig sicher voraus, daß meine Tätigkeit den Tod meines Freundes, den Verlust meines Vermögens zur Folge hat, ich muß trotz des Schmerzes darüber handeln. Umgekehrt sieht der Bergmann den Erfolg seiner Bemühungen zur Rettung der verschütteten Kameraden als höchst un-

---

[1]) v. Bar, a. a. O. S. 283. v. Hippel, Rechtsvergleichung, a. a. O. 502 (s. Grenze von Vorsatz und Fahrlässigkeit, S. 101). — Richtig ist, dass man Ausdrücke wie „Einverständnis, einwilligen, genehmigen" zu vermeiden hat. — Löffler, Schuldformen, 226, leugnet nicht die Richtigkeit des hier genannten psychologischen Tatbestands, sondern nur seine praktische Brauchbarkeit. Davon später. — v. Rohland, a. a. O., steht trotz scheinbarer Abweichung ganz auf dem hier vertretenen Standpunkt.

[2]) Damit hoffe ich bei v. Hippel a. a. O. Indemnität zu erlangen.

wahrscheinlich an, und doch hängt seine Seele fest an dieser Tat. Wer daher nach der Intensität oder Festigkeit der Vorstellungen Schuldgrade unterscheidet, begeht einen großen Fehler.

Erst der Wert, den ich den Vorstellungen meiner Kausalität für meine Bestrebungen beilege, zeigt ihre Beziehung zu meinem Ich an: erst wenn ich eine vorgestellte Kausalität billige, wird sie mir zur Schuld zugerechnet. Das ist doch der einfache, nüchterne Sinn, der in all den vielen, einfachen und komplizierten Konstruktionen des dolus steckt. Dabei ist es wieder ganz einerlei, ob ich den rechtswidrigen Erfolg mir als sicher, wahrscheinlich oder nur möglich vorstelle. Nur darauf, ob ich ihn billige, kommt es an. Das ist aber vorerst etwas ganz abstraktes. Erst die Art des Billigens bestimmt die Art und die Intensität der Beziehung zur Seele: ich billige den Erfolg (die Fälschung, den Meineid), weil ich ohne ihn nicht aus einer verzweifelten Lage komme, wenn er mir auch noch so unangenehm, meiner Psyche an sich fremd ist; einem anderen bereitet der gleiche Erfolg ein Vergnügen. — Von Billigen eines Erfolges kann man reden, wenn man ihn erstrebt, oder als notwendig oder sehr wahrscheinlich mit einem erstrebten Ziel verbunden erkennt. Sieht aber jemand einen Erfolg seiner gewollten Tätigkeit nur als möglich an, ohne gerade ihn zu erstreben, dann kann das ja nur der Fall sein, wenn dieser Erfolg mit einem anderen erstrebten Erfolg verbunden gedacht wird. Hier gibt es kein inneres Kriterium, wie bei den zwei anderen Fällen, für die Entscheidung, ob er den Erfolg billigte oder nicht. Und doch muß es auf dieses Billigen ankommen, wenn wir eine Beziehung zur Seele des Täters herstellen wollen. Es muß da sein, positiv, bei der Vorstellung des Erfolges, nicht erst nachträglich, nicht bloß bedingt. Der Jäger, der den Treiber nahe der Schußlinie sieht, sagt sich von vornherein: Die Verletzung des Treibers ist meinem Streben (den Bock zu erlegen) adäquat. In diesem Satz steckt gar nichts bedingtes. Das Billigen kann auch hier ein sehr verschiedenartiges sein, intensiv, mit Lust- oder Unlustgefühl verbunden.

Ich glaube, niemand wird dem Ergebnis bis hierher ausweichen können: eine psychische Beziehung und damit eine Schuld ist in all diesen Fällen des Billigens abstrakt vorhanden; ihre konkrete

Intensität kann in allen Fällen sehr verschieden sein; die Art der Vorstellung, das Erstreben oder Nichterstreben bilden an sich noch keine Stufenleiter der Schuld. So ist abstrakt die Schuld stets die gleiche, wo ich ein Billigen des Erfolges feststelle, den das Recht verpönt. Während aber der Beweis des Billigens und damit der Schuld keine Schwierigkeit macht, wenn der Täter den Erfolg erstrebt oder als nötig oder sehr wahrscheinlich voraussieht, ist er sehr schwer, wenn der Täter den Erfolg nur als möglich sich vorstellte. Das heißt: die Frage des dolus eventualis ist für die Seite des abstrakten Schuldbegriffes eine reine Beweisfrage. Wie sie für den konkreten Schuldbegriff zu behandeln und zu beantworten ist, das ist ganz selbständig zu prüfen. Beachtet man das, dann vermeidet man große Schwierigkeiten. Wer aber einmal daraufhin alle die Konstruktionen des dolus eventualis prüft, der wird mir Recht geben; er wird zugeben müssen, daß sich jeder immer nur bemüht, eine Formel zu finden, mit der man den Beweis des Billigens am besten führen kann. Die bekannte Franksche Formel wie die M. E. Mayers zielen nur dahin; v. Hippels Ergebnis [1]) ist nichts anderes als eine Anweisung, wie man die Billigung bequem beweisen soll. Umgekehrt richten sich die als Gegner des dolus eventualis auftretenden Schriftsteller fast ausschließlich gegen die Beweisschwierigkeiten, wie eine Prüfung z. B. der Sätze Löfflers und v. Bars ergibt [2]). Auf diesem Gebiete ist v. Bars Kritik ganz besonders wertvoll und vielfach durchaus berechtigt; nur bekämpft v. Bar nicht den Schuldgedanken im dolus eventualis, sondern lediglich die oft bemerkte Beweisungenauigkeit.

Ich stelle danach fest: wer eine Kausalität will unter Billigung der Erfolge, die er sich als mit ihr verbunden vorstellt, der verursacht diese Erfolge dolos. —

Es bleiben jetzt einmal die Fälle, in denen die als möglich vorgestellte Folge der Tat nicht gebilligt wird, und sodann die Fälle, in denen wir von Schuld sprechen, ohne daß man sich die verpönte Folge überhaupt vorstellt, also die Fälle der Fahrlässigkeit. Ich bemerke, daß wir hier rascher mit dem Urteil „Du bist schuldig"

---

[1]) Rechtsvergleichung, 506.

[2]) Löffler, a. a. O. 226. v. Bar, a. a. O. 333 ff.

bei der Hand sind, als mit seiner Begründung. Das Urteil lautet: „du bist pflichtwidrig unachtsam gewesen.“ Und gewiß ist dies Schuldurteil formal durchaus korrekt. Aber es ist nur eine Umschreibung; wir müssen erst die Pflichtwidrigkeit als eine Beziehung zur Seele bestimmen können.

Eine strafrechtlich relevante innere Beziehung zu dem Erfolg, dessen Verursachung dem Täter zur Last gelegt wird, ist hier schlechterdings unmöglich: Die Vorstellung allein genügt dazu nicht [1]; oder sie fehlt ja sogar völlig. Daher ist der gemeinhin bei der culpa gebrauchte Ausdruck, es werde für die fahrlässige Verursachung eines verpönten Erfolges gestraft, ganz ungenau, so sehr er auch praktisch brauchbar sein mag. Die Schuld kann auch hier nur in der Billigung einer vorgestellten Kausalität liegen. Bei der bewußten culpa ist es nun leicht zu erkennen, daß der Täter die Gefährdung billigt. Der Täter sieht die Möglichkeit des Erfolges voraus und handelt trotzdem; es ist Gefährdungsdolus gegeben. Bei der unbewußten Fahrlässigkeit aber sieht und will der Täter nur das nächstliegende (den Schuß, das Fallenlassen des Ziegels, das rasche Fahren); selbst die Möglichkeit der Folgen seines gewollten Tuns stellt er sich nicht vor. Er billigt und will etwas scheinbar harmloses, ohne sich die Folgen vorzustellen. Diese Billigung aber ist das schuldhafte; denn der Täter soll dann seine Kausalität nicht billigen, wenn die Umstände ihn zur Aufmerksamkeit und Sorgfalt oder zur Unterlassung mahnen, und er die Tat nicht vorzunehmen genötigt ist. Auch hier haben wir ein Billigen oder Wollen der Gefahr.

Insofern ist auch die Fahrlässigkeit ein Wollensfehler. Nur darf man das Billigen und Wollen nicht auf die verursachte schädliche Folge beziehen, wie man das meist tut: lediglich die gefährliche Situation ist gewollt, zum Teil sogar ohne Vorstellung der Gefahr. Dieser Mangel der Billigung des Erfolges unterscheidet allein die culpa vom dolus. Deswegen ist regelmäßig diese Form der Verschuldung auch die unterste auf der Stufenleiter der Strafbarkeit. Aber

[1]) Wenn die Vorstellungstheorie manchmal sagt: bei jeder Vorstellung liege dolus vor, dann sagt sie: wenn jemand unter irgend einer Vorstellung des Erfolges handelt, dann musste er den Erfolg auch billigen, d. h. sie sieht dann einfach das Billigen als bewiesen an.

auch sie kann ganz erheblich an Schwere gewinnen. Auch bei ihr kann und muß geprüft werden, wieweit sie auf den Charakter zurückgeht[1]), wieweit die Motive mitwirken, und welcher Art diese sind. Bei ihr lautet das Rechtsverbot abstrakt: Du sollst nichts wollen, ohne aufzumerken, ob du eine Gefahr hervorrufst. Und ausgedrückt wird das Verbot in dem Satz: Du sollst nicht vermeidbar pflichtwidrig einen verpönten Erfolg verursachen. Dieser Ausdruck ist praktisch durchaus richtig, ja vorzuziehen, da er gerade darauf hinweist, die besonderen Gefahren zu beachten, die mit bestimmten rechtlich bedeutsamen Erfolgen in Beziehung zu bringen sind; damit grenzt dieser Ausdruck das Verbot praktisch schärfer ab.

Hierdurch wird einmal die Fahrlässigkeit in nahe Verbindung zum dolus eventualis gebracht; bei beiden Schuldfällen haben wir einen Gefährdungswillen; nur wird einmal außerdem die Verletzung gebilligt, im andern Fall nicht[2]). Sodann wird hiermit überhaupt die innere Einheit aller Schuldarten gewahrt: die Schuld ist in allen Fällen ihrem Wesen nach das Billigen einer vorgestellten Kausalität bei einem Willensakt unter Umständen, unter denen diese Tat als rechtsschädlich verboten ist. Der Unterschied zwischen dolus und culpa liegt nur in dem Objekt des Billigens. Die culpa ist nicht bloß ein negativ böses Wollen, ein Nicht-nicht-wollen, — sie ist genau wie der dolus im positiven Wollen begründet.

Ich glaube auch hier in dem Bestreben, die verschiedenen Auffassungen auf ihre einheitlichen Grundgedanken zurückzuführen, lediglich die ganz allgemeine Auffassung über Fahrlässigkeit in einen einfachen Satz gekleidet zu haben, der schon mehrfach ausgesprochen[3]), der nur meist nicht als der natürlichste und rich-

---

[1]) Zu weit geht v. Bar, wenn er die culpa ohne weiteres einen Charakterfehler nennt, § 233; das ist sie nur unter Umständen. — Nach der anderen Seite geht zu weit v. Hippel, Rechtsvergleichung, S. 528, Anm. 1.

[2]) Es wird gesagt, Gefahr und Verletzung seien gar nicht so genau zu trennen; wer verletzen wolle, der wolle auch „das minus", die Gefährdung; drum sei ein Gefährdungswille nicht als etwas selbständiges zu brauchen. v. Bar a. a. O. 350f. v. Hippel, a. a. O. 531. — Das ist eine völlige Verkennung psychologischer Tatsachen. Gefährdung und Verletzung schliessen sich nur ausnahmsweise, niemals ihrem Wesen nach, gegenseitig ein.

[3]) Stübel, Über gefährliche Handlungen, N. Archiv Krim. R. 8, § 41 ff, S. 295 ff. A. Bauer, Abhandlungen I, 1840, S. 284. — Radbruch, Verglei-

tige anerkannt wurde. Man geht verkehrterweise davon aus, daß man in der Verursachung des Erfolges die Schuld sucht, während doch nur unsere Gesetze um eines praktisch verständlichen Ausdrucks willen beim Erlaß ihrer Verbote von dieser Verursachung ausgehen. Das haben wir ja doch längst erkannt, daß bei der Bestrafung der Fahrlässigkeit das Warten auf die Verletzung etwas Rohes ist. Es ist jedoch regelmäßig begreiflich. Es weckt erst unser Gefühl auf. Aber wir müssen auch die Gebote, wo es irgend angeht, feiner ausbilden und die gewollte Gefährdung an sich strafen[1]).

Erst wenn man diese abstrakten Grundlagen gewonnen hat, kann man an den Ausbau der Schuldlehre, den tieferen psychologischen Unterschied der Schuldarten, die Erforschung ihrer Intensität denken[2]); man wird dabei einheitlich für alle Arten vorgehen können und müssen; ich billige völlig die kritischen Ausführungen Sturms, daß man nicht culpa als die sich dem Maß nach unten an den dolus anschließende Schuldart auffassen dürfe[3]). — Auch hier erweist sich Ötkers Mahnung als wertvoll, den abstrakten und den konkreten Schuldbegriff zu trennen: meine bisherigen Ausführungen haben nur dem ersten gegolten. —

---

chende Darstellung des Strafrechts, Allgem. Teil, II, 227. — S. auch Stooss, Lehrbuch des österreich. Strafrechts, allgem. Teil, § 26, erster Satz! — Ganz interessant auch Bierling, Jurist. Prinzipienlehre, III, 312 ff.

[1]) Wenn v. Hippel, a. a. O. 596f. das bekämpft, dann verkennt er die Grundidee der Fahrlässigkeit ebenso wie die Bedürfnisse unserer Kultur. Seine Kritik schiesst weit übers Ziel.

[2]) Schlagworte möge man als höchst bedenklich und oft etwas falsches deckend vermeiden. v. Hippel, a. a. O. 510 nennt dolus „Egoismus", culpa „Leichtsinn"; Sturm, GS. 74, 169, trennt „Bosheit" und „Torheit". — Siehe dazu richtig v. Bar a. a. O. S. 334.

[3]) GS. 74, 177ff. Ausdrücklich aber verwerfe ich Sturms Auffassung von dem „rein ethischen Unterschied beider Schuldarten". Das Gegenteil ist richtig.

Inhalt.

FSC
www.fsc.org
MIX
Papier | Fördert
gute Waldnutzung
FSC® C083411

Kolibri 360 GmbH
Ferdinand-Jühlke-Straße 7
99095 Erfurt, Deutschland
produktsicherheit@kolibri360.de